CMITT

全国三网融合移动互联人才认证培训系列教材
全国信息技术应用水平大赛电商运营赛辅导教材

电子商务运营实务

崔立标 主编
全国三网融合移动互联人才认证项目管理办公室 审定

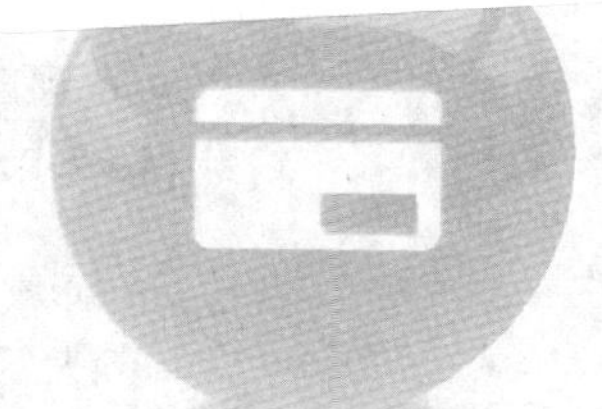

人民邮电出版社
北京

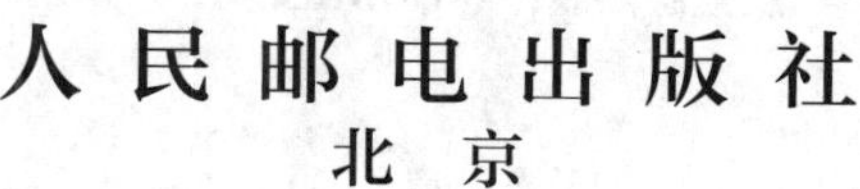

图书在版编目（C I P）数据

电子商务运营实务 / 崔立标主编. -- 北京 : 人民邮电出版社, 2013.5（2019.7 重印）
ISBN 978-7-115-30046-1

Ⅰ. ①电… Ⅱ. ①崔… Ⅲ. ①电子商务－运营管理－教材 Ⅳ. ①F713.36

中国版本图书馆CIP数据核字(2013)第063444号

内 容 提 要

本书采用实例的方式讲解电子商务企业的运营实践，主要内容包括电子商务运营基础、定位管理、商品规划及管理、渠道规划及管理、电商客服、电商物流管理、市场推广和网站运营。

本书是全国信息技术应用水平大赛电商运营的指定教材，电子商务运营师认证的辅导教材，亦适合作为高等院校电子商务相关专业的教材或辅导用书，也可以作为企业的电子商务培训用书。

电子商务运营实务

◆ 主　　编　崔立标
审　　定　全国三网融合移动互联人才认证项目管理办公室
责任编辑　李　莎

◆ 人民邮电出版社出版发行　　北京市丰台区成寿寺路 11 号
邮编　100164　　电子邮件　315@ptpress.com.cn
网址　http://www.ptpress.com.cn
大厂聚鑫印刷有限责任公司印刷

◆ 开本：800×1000　1/16
印张：10.5　　彩插：1
字数：154 千字　　2013 年 5 月第 1 版
印数：26 301- 27 800 册　　2019 年 7 月河北第14 次印刷

ISBN 978-7-115-30046-1

定价：28.00 元

读者服务热线：(010)81055410　印装质量热线：(010)81055316
反盗版热线：(010)81055315

前 言

随着中国电子商务的快速发展，电子商务产业不断壮大，电子商务企业的规模大幅提升，数量大幅增加。据中国电子商务研究中心数据，2006 年中国网络购物的交易额占社会消费品零售总额的 0.3%，2010 年提升至 3.3%，2011 年达到 4.3%，预计 2015 年这个数字会达到 10%。

另外，随着电子商务产业的纵深发展，对专业性人才的需求更为迫切，而实战型的电子商务人才极为匮乏，人才已经成为电子商务发展最大的瓶颈。据《中国电子商务人才现状报告》数据：国内 68.18% 的电子商务企业处在招聘高峰期，81.82% 的企业人力资源部门被招聘问题困扰，43.18% 的企业极缺各类电子商务人才。

高校作为人才培训的核心机构，在电子商务人才培养方面做了大量的工作。但由于电子商务是一个崭新的学科，又处在快速发展之中，因此，各高校很难做到教学的知识结构与企业实践同步。同时，电子商务是一个实践性极强的学科，缺乏必要的实训手段也困扰着电子商务的教学工作。

基于此，教育部教育管理信息中心全国三网融合移动互联人才认证项目管理办公室联合国内电子商务企业、高等院校、行业专家及合作机构，构建了一个集教学改革、学科竞赛、人才认证及顶岗实训为一体的电子商务人才培养平台，内容包括：

（1）全国信息技术应用水平大赛电子商务运营；

（2）电子商务运营师认证；

（3）《电子商务运营实务》课程嵌入；

（4）电子商务企业顶岗实训。

本书以典型的 B2C 企业核心部门为分析样本，以企业每个部门的工作流程为分析要点，在走访调研大量企业的基础上进行总结归纳，提炼精编。同时，本书力求立足企业实践，用数据、案例等方法阐明问题，简明扼要，易学易用。通过本书，学习者能够全方位了解电子商务企业的运营实践，熟悉各部门工作步骤、所需技能、知识要点及规章制度和考核标准。

本书是由全国三网融合移动互联人才认证项目管理办公室组织行业专家、高校学科带头人在大量走访、收集真实数据的基础上精心编写而成的。其中，第 1 章由江文（广西职业技术学院）编写，第 2 章由崔立标（杭州赢动教育咨询有限公司）编写，第 3、第 4 章由张立群（浙江经济职业技术学院）编写，第 5 章由方旭东（杭州赢动教育咨询有限公司）编写，第 6 章由陆金海（广西职业技术学院）编写，第 7、第 8 章由樊西峰（浙江长征职业技术学院）编写，全书由崔立标统稿。

在编写过程中，众多行业内专家学者对书稿做了审读。他们是葛黎（全国三网融合移动互联人才认证项目管理办公室主任）、包东红（全国三网融合移动互联人才认证项目河南管理办公室主任、河南东方砺智专业教育机构主任）、赵敏（河南商业高等专科学校教务处处长，教授）、王丽丽（河南经贸职业学院经济贸易系主任，教授）、杨紫元（商丘职业技术学院经贸系主任，教授）、苏玉（中州大学信息工程学院院长，教授）、张庆丰（开封大学财政经济学院院长，教授）、汪泉（河南农业职业学院经济贸易系教授）、陈东领（许昌职业技术学院财贸经济系教授）、勾占锋（郑州师范学院信息科学与技术学院副教授）、刘晓云（安徽大学商学院电子商务系主任，副教授）、任远（西安外事学院商学院，教授）、王文博（西安外事学院商学院，教授）、李志群（江西外语外贸职业学院，教授）、陈晓华（广州城市职业学院讲师）、胡一波（西安外事学院商学院商科实验教学中心主任）、刘华梅（湖北生物科技职业技术学院电子商务教研室主任）。

另外，本书的编写工作得到很多电子商务企业和研究机构的支持，如中国电子商务研究中心、杭州亿超眼镜、聚本网络、冠潮科技等。

在此，对各位专家、学者，以及相关企业等，表示衷心的感谢！

由于编写时间较紧，电子商务产业又处在不断发展变化中，书中不妥之处在所难免，恳请广大读者批评指正。联系方式：lisha@ptpress.com.cn。

全国三网融合移动互联人才认证项目管理办公室

目 录

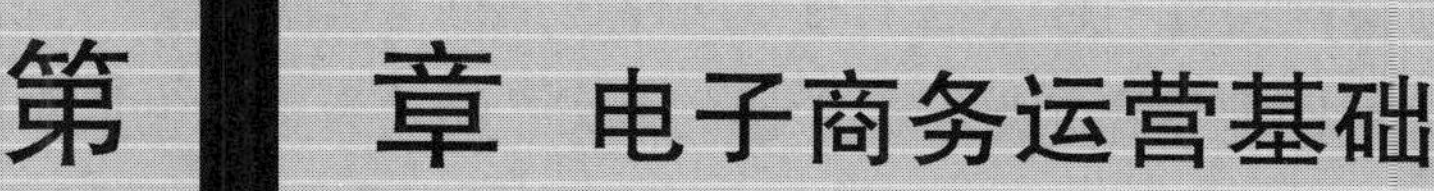

第1章 电子商务运营基础

电子商务运营是一个宽泛的话题。从广义上讲，一家电子商务公司整体的经营活动就是电子商务运营。从狭义上讲，电子商务运营是指在线销售网站的运营，应包括网站需求分析和整理、频道内容建设、网站策划、产品维护和改进、效果数据分析、部门沟通协调6个方面的内容。本书研究的电子商务运营是广义的电子商务运营，涵盖网络零售企业每一个环节的知识和技能。

本章学习目标

知识目标

□电子商务运营的相关概念
□电子商务运营常见工作的分类
□电子商务运营的基本步骤

技能要点

□能够区分传统零售和网上零售的异同
□能够针对不同公司的发展阶段配置商品规划岗位

1.1 电子商务与传统商务

与传统商务一样，电子商务同样包括批发、零售等形式，本书所说的电子商务主要针对网上零售领域，以常说的B2C、C2C为主，包括多种具体操作方式，如自主建站销售、第三方平台开店、网络分销、网上团购等。

2012年3月，工业和信息化部发布的《电子商务"十二五"发展规划》指出，"十二五"期间我国电子商务保持了持续快速发展。行业规模方面，"十二五"期间电子商务交易总额增长近2.5倍，2012年达到5万亿元左右，而这一数字正以每年60%的速度增长（据中国电子商务研究中心数据）。2012年网络零售用户规模达2.3亿，交易额达到13 205亿元，占社会消费品零售总额比重达到6.3%（据中国电子商务研究中心数据）；电子商务支付服务方面，"十二五"期间第三方电子支付的规模增长近60倍，2012年达到12.9万亿元，2010年规模以上快递服务企业业务量达56.9亿件，业务收入达1 000亿元。

据中国电子商务研究中心监测数据显示，截至2012年12月中国网络零售市场交易规模达13 205亿元，同比增长64.7%，预计2013年有望达到18 155亿。其中，淘宝网及天猫合计突破10 000亿，京东商城交易额突破600亿元；苏宁易购全年销售额达183.36亿元。详见图1–1。

网络零售市场规模占社会消费品零售总额的比例是衡量电子商务对消费促进作用的重要指标。数据显示，截至2012年12月中国网络零售市场交易规模占到社会消费品零售总额的6.3%，而这个比例数据在2011年仅为4.4%。这或许意味着电商改变零售业格局的开始。中国电子商务研究中心预计，这一比例还将保持扩大态势，2013年则达到7.4%。详见图1–2。

图 1-1 网络零售市场交易规模

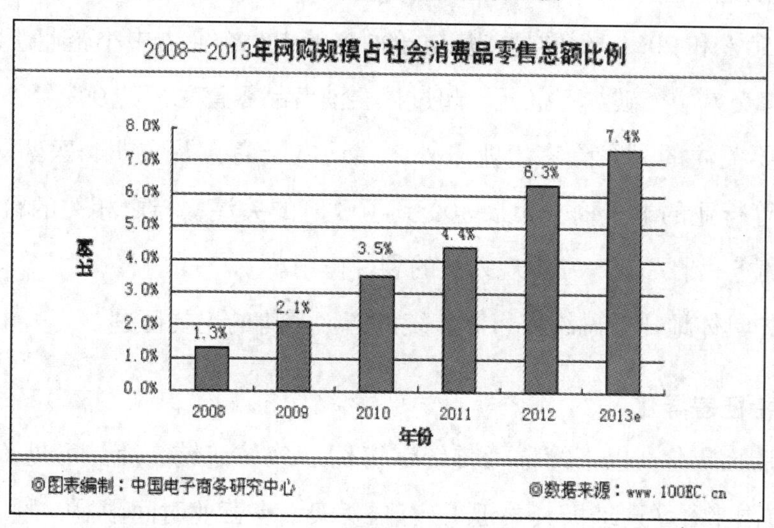

图 1-2 网购规模的占比

中国沿海经济较发达地区和城市电子商务发展势头更加迅猛。以杭州市为例：根据杭州市工商局的数据分析显示，截至 2011 年 1 月 30 日，杭州全市参与网络经济活动的企业共计 42 697 户，这些涉网企业占全地区 189 010 户企业总数的 22.6%，几乎每 4 户企业中就会有 1 户涉网企业。从企业数量分布来看，第三产业涉网企业数量最多，达 25 671 户，占所有涉网企业的 60.13%；其次是第二产业，涉网企业数量占 38.94%；第一产业涉网企业数量最少，仅占 0.93%。从企业注册资本分布来看，全市涉网企业注册资本共有3 503亿元，其中第三产业注册资本总额最高，达到2 274.37亿元，第二产业注册资本总额为1189.81亿元，第一产业注册资本为38.64亿元。杭州市直接通过网络交易的主体有16 179户，同时开展B2B和B2C交易的经营主体占总数的69.48%，其次是只进行B2B交易和只进行B2C交易的。

电子商务高速发展的同时，也面临着较多的问题，主要集中在3个方面：首先，电子商务对促进传统生产经营模式创新发展的作用尚未充分发挥；其次，电子商务的商业模式尚不成熟；最后，电子商务发展的制度环境还不完善。针对这些问题，工信部发布的《电子商务“十二五”发展规划》提出了“十二五”期间的重点任务及一系列政策措施，力争在2015年实现电子商务交易额突破18万亿元，其中，企业间电子商务交易规模超过15万亿元，企业网上采购和网上销售占采购和销售总额的比重分别超过50%和20%，经常性应用电子商务的中小企业占中小企业总数的60%以上；网络零售交易额突破3万亿元，超过社会消费品零售总额的9%。

另外需要关注的是，除零售业以外，移动电子商务及农业、医药、交通运输、物流、旅游等行业的电子商务发展也受到了政府的关注，与之相关的行业板块将受益于《电子商务“十二五”发展规划》的利好作用。

下面，先具体地比较网络零售和传统的店面零售的主要区别。

1. 物理特征差异化

传统的店面零售（以下简称“传统零售”）：实体店铺、商品可见（虚拟商品除外），覆盖有限半径（选址极其关键），有限货架，有营业时间限制，顾客来店购物，有店铺租金、物业及店内运营人员成本等。

网络零售：商品通过图片、文字等展示；由配送能力决定覆盖半径，可以一网覆盖全国，乃至全球；理论上为无限货架，长尾商品均可销售；7×24小时服务；送货上门；有包装材料和配送成本；有网店运营、客服人员等成本。

2. 商品展示与搜寻差异化

传统零售：一般按照顾客逛店购物习惯摆放商品；将走货量大、品牌知名度高的商品及促销商品摆放在显眼位置和顾客容易拿到的货架上。

网络零售：可根据关键字、类别、价格区间等进行搜索；整体展现商品图片、商品的详细介绍等；能为顾客提供多种购物决策支持，比如热销产品排行榜、以图片方式多角度展示商品外观、以视频方式介绍商品、多种排序方式（比如根据价格、库存、热销进行排序）、个性化推荐、清晰的类别划分和展示、相关产品推荐、商品比价功能、组合商品等。

3. 市场手段、营销策略差异化

传统零售：DM（直销广告）、广告（如户外、报纸、电视等）、短信；可利用店铺场所环境及声、光、味等效果刺激购买；可通过销售人员与顾客面对面交流推介产品。

网络零售：SEO/SEM（搜索引擎优化 / 搜索引擎营销）、EDM（电子邮件营销）、网盟、门户网站广告、SNS 合作；拥有大量的顾客搜索、收藏、购买、关联商品的数据和信息，可进行精准营销；用 landing page（着陆页）、链接、用户评论、打分系统等方便地为顾客提供知识性、经验性、权威性的相关内容。

4. 供应链架构和管理差异化

传统零售：仓库和店铺多层次管理，配送一般从仓库到门店，仓库货物摆放主要考虑畅销度和上下架效率，仓储一般采用立体库。

网络零售：只需考虑仓库库存的管理，配送一般解决最后一公里的问题，仓库货物摆放考虑畅销度和顾客购买关联性，仓库以平面库为主。

5. 人才结构差异化

传统零售：有丰富零售经验的人才很重要，店内运营人员数量视规模而定。

网络零售：IT 人才及网络营销人才非常重要，一般仓储物流人员、客服人员的比例较高。

总之，传统零售在实体商品体验性、商品立即可得性、刺激临时性购买、店员近距离服务等方面具有优势。而网络零售具有成本较低，通过大量顾客信息达到精准营销，口碑营销传播的速度和广度不受地域、时间和货架空间的限制等优点。

1.2 电子商务发展现状

在谈及国内电子商务发展现状前，先看看美国的发展情况。从 2002 年至 2008 年，B2C 的领军企业 Amazon 营业收入持续超越 C2C 的领军企业 eBay，详见图 1-3。业界分析原因主要是：eBay 平台卖家服务、信誉参差不齐，难比 Amazon 持久优质服务。另外，在 eBay 平台上，用户货比三家的选择成本高于对应节省的价格成本，从而用户转向优质 B2C 网站。

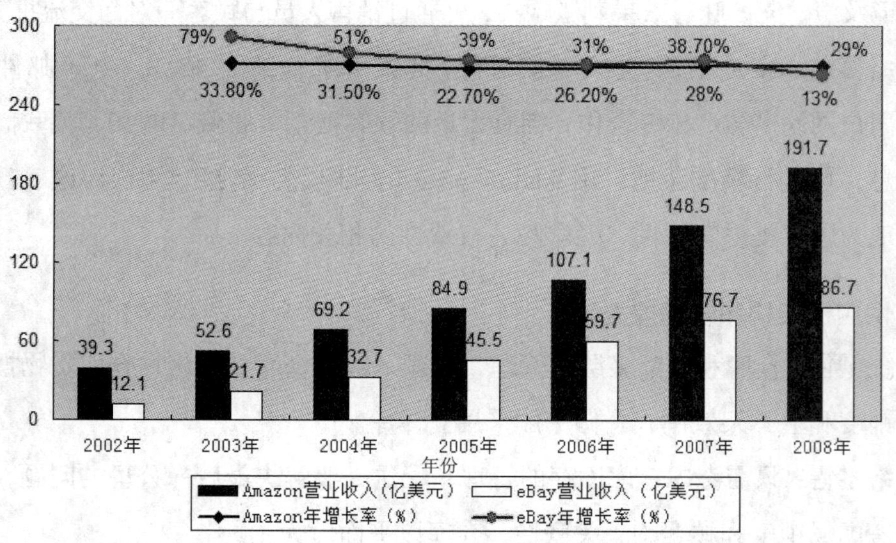

图 1-3 2002 年 ~2008 年 Amazon 与 eBay 的营业收入

（资料来源：艾瑞咨询，www.iresearch.cn）

2011 年，美国 Stores 杂志和调查机构 BIGresearch 共同通过调查评选出美国 50 大 B2C 公司的前十名，详见表 1-1。

表 1-1 2011 年美国 50 大 B2C 排名前十

排 名	公 司	主营业务
1	Amazon.com	日用百货
2	Staples inc	办公用品
3	Apple inc	电子产品
4	Walmart.com	日用百货
5	Dell inc	电子产品
6	Office depot inc	办公用品
7	Liberty interactive corp	信息服务
8	Sears holdings corp	日用百货
9	Netfix inc	在线影片租赁
10	CDW corp	信息服务

再看中国，中国经济的快速发展是中国电子商务行业发展的基础性动力。同时，中国互联网快速发展成为电子商务发展的“温床”。商务交易类应用成为中国互联网发展最快的应用之一，传统厂商的电子商务化战略日渐清晰，成为拉升电子商务市场的又一力量。第三方支付市场的快速发展为电子商务市场保驾护航。物流配送体系的逐渐完善提升了电子商务的服务质量。电子商务市场在垂直细分化发展，并迅速趋向多元化。但有一点要说明，即信用体系仍有待完备。

根据艾瑞咨询的数据统计，完全可以预测网络购物将持续增长，未来几年 B2C 交易额的比重呈相对上升趋势，详见图 1-4。

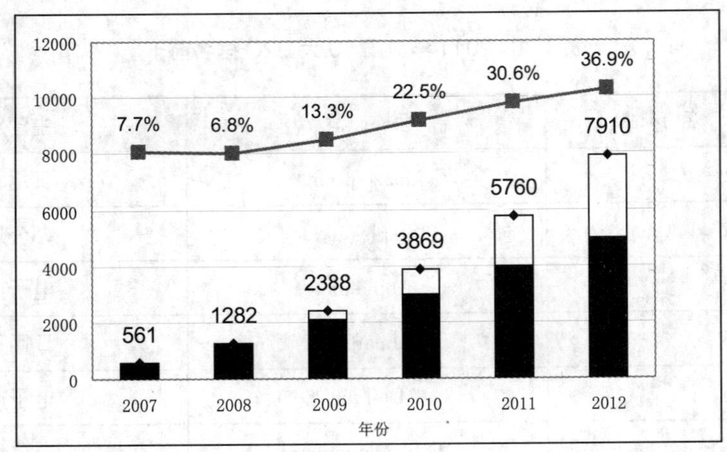

图 1-4　2007 年～ 2012 年中国网络购物市场交易规模构成及 B2C 占比

注：柱形图中上半部分为 B2C，下半部分为 C2C；资料来源：艾瑞咨询，www.iresearch.cn

另外，必须要分析当下中国电子商务行业的价值链问题，主要涉及信息流、物流及资金流等方面，其价值链构成如图 1-5 所示。

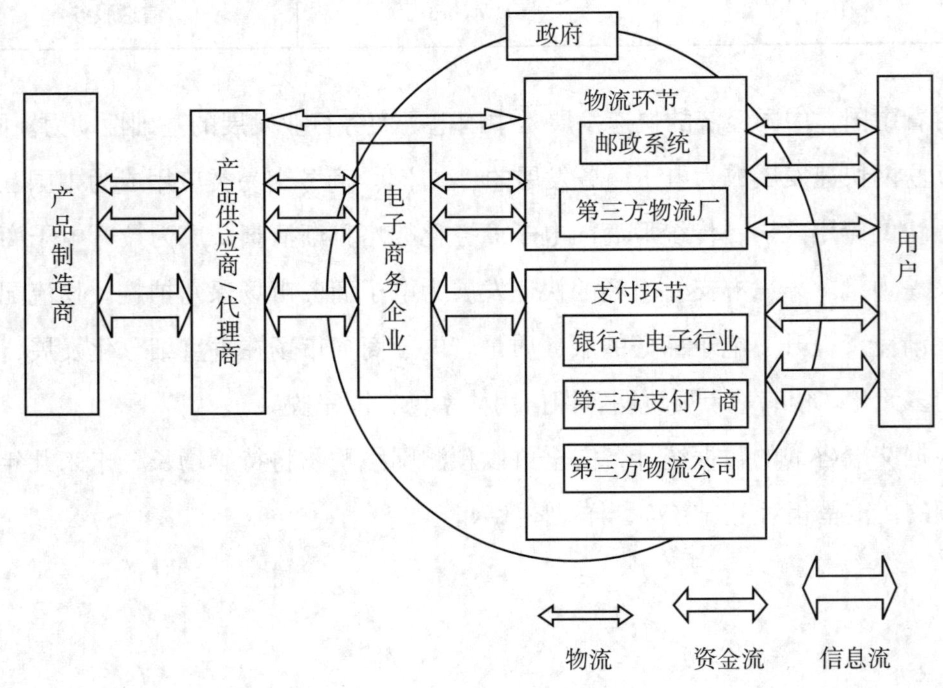

图 1-5　中国电子商务行业价值链

（资料来源：源清科研究中心《2011 中国电子商务投资研究报告》）

产品制造商：作为供货环节的主要支撑。产品制造商处于电子商务市场上游，负责产品的制造环节，其产品质量的优劣直接关系到用户的满意度及用户对电子商务模式的认知与接受程度。

产品供应商、代理商：连接产品制造商与电子商务企业的桥梁。产品供应商、代理商对商品的选择与决策能力直接影响电子商务行业的种类、数量，并直接关系到电子商务企业的影响力。产品供应商、代理商与产品制造商同属于电子商务产业链的上游环节，其与电子商务企业存在一定的博弈关系，相互讨价还价。

电子商务企业：产业链的核心环节。电子商务企业不仅直接决定商品的品类与数量，还与下游的物流、支付、用户等产业链参与者产生直接的联系。目前，一些较具实力的电子商务企业直接与制造厂商联系，并通过自建物流等形式尽量优化产业链，在缩短商品流通时间的同时提升用户的服务质量。

物流环节：这就是所谓的电子商务最后“一公里”。中国的电子商务物流市场体系尚未健全。目前，电子商务企业主要是与第三方物流厂商合作，采用外包的形式。但是这种物流外包的形式不能完全控制服务的质量，为此，一些电子商务厂商开始自建物流系统，以提升物流配送的服务质量，从而提升用户满意度。电子商务物流市场未来将演变为自有物流与第三方物流并存的局面。

支付环节：支付环节可以解决资金流的问题，是资金流动的推广。目前，中国电子商务支付主要包括银行的电子银行支付、第三方支付，以及货到付款。

1.3 电子商务运营常见问题

1. 战略选择

必须从公司高层开始形成统一的电子商务发展战略，不同的战略会造成管理方式的不同。根据公司实际情况做出的选择包括：是自己卖还是找代理；是在第三方交易平台开店，还是独立建立 B2C 网站，或外包给代运营公司。

2. 价格和渠道

在网络零售早期阶段，价格还是影响消费者购买的关键因素之一，价格战也是传统零售的常见竞争方式之一。网络零售中的产品、品牌、定价的问题是传统企业最为困惑的。目前比较成功的做法是统一品牌，线上、线下产品差异化、定价差异化。

3. 电子商务业务独立与否

对传统企业来说，成立事业部还是子公司也是个艰难的选择。不过从诸多企业的实践经验看，事业部制的方式还是比较稳妥的。

4. 内部效率

在传统企业电子商务的开展过程中，如何进行高效的沟通协同（物流、财务、商品、售后）对业务开展极为重要。在这点上，必须有公司管理层平衡好各部门之间的利益关系、责任关系。

5. 人员薪酬

电子商务领域的人员薪资弹性较大，目前的现状是低了找不到人，高了其他部门意见大。从实践情况看，大部分企业采用内培外引同步进行的方式，关键岗位重点在于内部培养。

6. 各类网络推广方式的使用

在日常运营过程中，围绕业绩指标，需要不断通过务实的引导流量的网络推广方式来完成。在淘宝网平台中，如何应用用户直通车、钻展等成为日常主题。而全网营销时，涉及的领域更加广阔，如 SEO、SEM、淘宝客、硬广告等。

1.4 电子商务企业组织架构

1. 电子商务企业组织架构的特征

电子商务企业的组织架构完全不同于传统企业的组织架构，它是以互联网为核心的信息通信技术高速发展而产生的一种新型企业组织结构，一般具有如下特点。

（1）组织结构的虚拟化。这是指企业只保留规模较小，但具有核心竞争力的部门，把其他不擅长的业务通过外包（Out-Sourcing）等形式委托合作伙伴完成。

（2）企业组织结构的扁平化。通过破除公司自上而下的垂直高耸的金字塔型结构、减少中间管理层次、增加管理幅度，建立起一种精简、高效的扁平型组织架构，从而使企业变得更加灵活、敏捷，更富有弹性和创造性。

（3）组织结构柔性化。这是指以一些临时性的、以任务为导向的团队组织形式来取代以前一部分固定、正式的组织结构，其目的是使企业能快速、有效地围绕目标与任务合理配置各种资源，增强对内外环境动态变化的适应能力。

2. 电子商务企业的典型部门

信息部：主要包含网站或其他软件系统策划、需求、开发和测试，以及一些公司硬件、网络方面的工作。其中的技术部门将策划、需求、开发和测试都集中到一起管理后，同样也可以提高效率，减少一些无谓的沟通。

客服部：负责后台的订单审批、到账确认、订单完结、积分处理、退货处理、退款处理，以及前台的客户投诉和咨询的处理。

商品部：负责商品的规划、销售预测、招商、基础数据处理的工作。商品部更多关注商品、商品供应商及销售前端的工作。

供应链部：负责商品的供应链策略、商品采购、仓储和物流的管理。供应链部门主要负责销售后端的采购、物流方面的工作，由于把供应链管理集中到一个部门之后，能加快决策的过程，并提高整个供应链的效率，最终达到提升客户体验、增加客户满意度的目的。

市场部：负责市场的营销、推广的工作，包括以各种方式或途径提高网站的声誉、提升网站访问的流量、确保一定的订单转化率。

3. 典型电子商务企业组织架构图例

综合型电子商务企业的组织架构如图 1–6 所示。

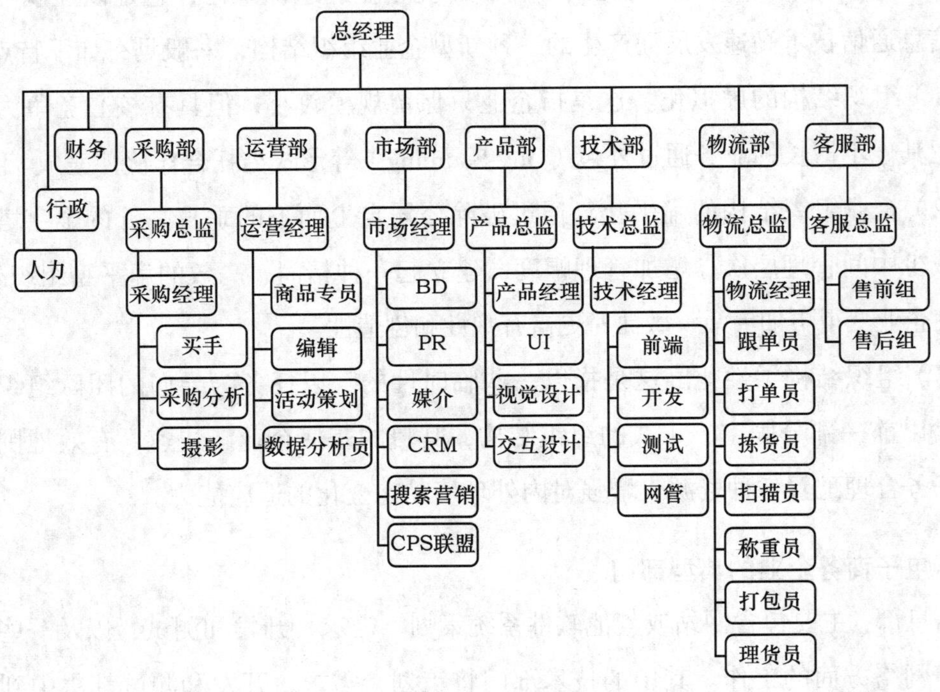

图 1–6　综合型电子商务企业的组织架构

网店型电子商务企业的组织架构如图 1–7 所示。

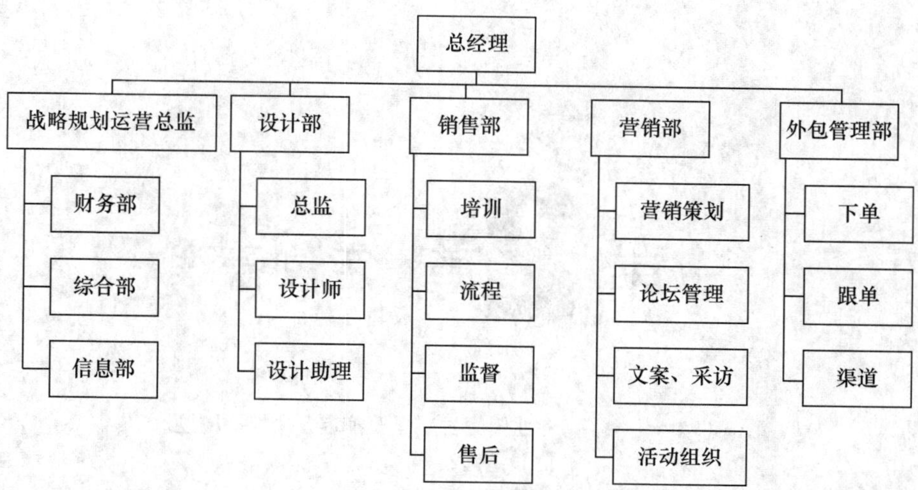

图 1-7 网店型电子商务企业的组织架构

生产型电子商务企业的组织架构如图 1-8 所示。

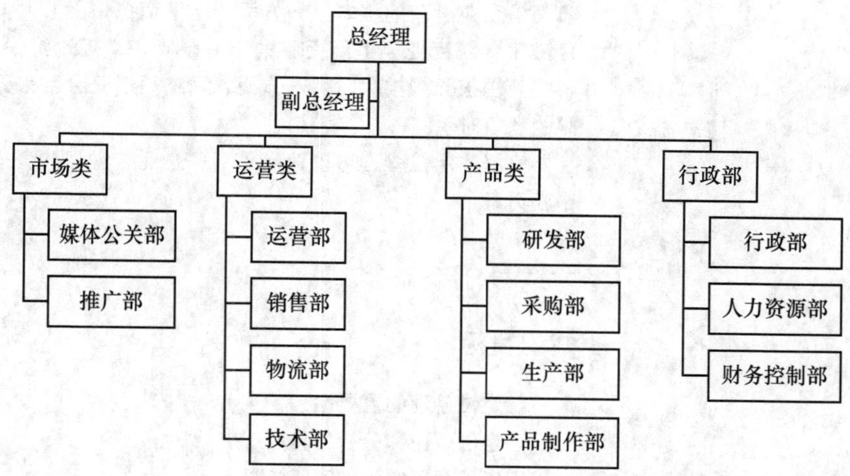

图 1-8 生产型电子商务企业的组织架构

第2章 定位管理

企业健康发展需要确定 3 个核心问题：

1. 我是谁?
2. 我要去哪里?
3. 我怎么去?

定位管理就是确定电子商务企业战略方向的核心环节，是企业运营的根本。一方面，电子商务依靠互联网打破了传统商业渠道所面临的空间限制，从理论上说，客户范围被无限扩大。另一方面，网络渠道又会带来无限的竞争对手。

良好的定位管理可以让电子商务企业在激烈的竞争中游刃有余。

本章学习目标

知识目标

- □定位管理的重要性
- □定位理论和分析工具
- □电子商务定位的实施步骤

技能要点

- □掌握定位管理的正确思路和操作流程
- □掌握数据分析工具的应用
- □提高依据分析结论，制定公司发展策略的能力

场 景

木工坊是浙江最大的木制玩具生产商，从1995年开始从事木制玩具生产，产品以出口为主。木工坊拥有自己的设计团队和生产基地，以OEM、ODM形式将产品出口到欧洲，2010年的出口额为3 000万美元。

公司总经理Linda最近一直纠结于一个想法，那就是产品的回归，海外市场经营多年，生意做得风生水起，但也有一个挥之不去的痛，那就是销售额很大，但品牌、渠道、最终用户都不是自己的，繁荣背后却是仰人鼻息的脆弱。幸好Linda在自己的一再坚持下建起了一支优秀的设计团队。木工坊的海外市场渐趋稳定，但金融危机到来后，订单有所萎缩。而反观国内市场，发现设计、生产均不如自己的同类厂商这几年却快速发展。这些厂商借助电子商务，绕开了自建零售渠道的壁垒，品牌影响力、销售量快速增长。Linda坐不住了，她做出了利用电子商务渠道回归国内市场的决策。

接下来的问题是如何去做。国内市场、电子商务对自己的团队是个陌生的领域，如何把公司制定的战略执行下去是Linda最近苦苦思考的难题。

2.1 定位管理的目标

1. 什么是定位

20世纪70年代，美国管理学家Al Ries和Jack Trout创立了定位理论，Al Ries和Jack Trout认为，人的大脑容量是有限的，只能记忆有限的信息，而通过“定位”可使目标受众在大脑中占据一席之地。他们使用了进行时“Positioning”表示这一个过程。无论国家、公司、组织、个人、产品还是服务，都可以使用这个方法在消费者的心目中“占位”。

定位理论提出了经典的“S–T–P”步骤，具体如下。

（1）细分市场（Segmentation）。

（2）确定目标市场（Targeting）。

（3）对供给进行独特设计以在目标消费者心目中占据特定位置（Positioning）。

定位理论有三个层次上的应用，它们分别是企业战略层次、营销战略层次和传播战略层次。企业战略层次解决的是“做什么”的问题，营销战略层次解决的是“卖什么”的问题，传播战略层次解决的是“说什么”的问题。

2. 企业做电子商务为什么需要定位

这基于以下几个行业背景。

（1）竞争激烈。电子商务经过多年的发展，已经进入激烈竞争阶段，每一个产品品类都存在大量的竞争对手。例如，目前在淘宝网有 250 万个店铺在经营各种产品，只有独特和清晰的定位才会将企业的产品与竞争者的产品区分开，能够被消费者认知和购买。

（2）流量成本高昂。目前，无论是搜索引擎推广、门户网站硬广告、广告联盟、导航网站，还是淘宝站内的直通车、钻展等手段，其价格不断在突破商家的心理底线。在这种情况下，流量的有效性取决于目标消费群准确的定位、推广渠道的准确定位和传播信息的准确定位，只有准确定位才可以节约成本，事半功倍。

（3）互联网信息的过度传播。每天每位网络用户都会接触海量的促销广告与商品信息，如何从这海量的信息中脱颖而出，引起消费者的购买冲动，是每一个网络推广人员所面对的难题。只有对消费者内心需求进行准确把握，并有针对性地进行广告促销，才能在消费者的大脑中占有一定的位置，进而促成购买行为。所以现代营销理念的市场占有率是指对消费者大脑的占领。

（4）互联网服务的“马太效应”。互联网服务突破了传统商业营业时间与空间的限制。从理论上讲，服务商既拥有获取无限客户的可能，也拥有大量的竞争对手。消费者在获取互联网服务的过程中，对服务商的转换成本几乎为零，仅仅是轻点鼠标这么简单，所以消费者会本能地选择最好的服务商。因而，对于服务商而言，最终会出现赢者通吃的局面，也就是“马太效应”。观察浏览器软件、即时通信工具、安全软件、门户网站、SNS网站、视频网站等领域，“马太效应”无不应验。电子商务产业也会遵循这个规律，在一家公司所从事的领域，如果不能做到前三名则生存甚忧，做好定位，企业就能找一个独特的角度，然后聚集自己全部的资源优势，使自己成为这个领域的前三名，并利用“马太效应”淘汰竞争对手。

3. 定位管理要解决的问题是什么

定位管理是企业的战略问题，即方向问题。在企业经营中，方向成本是最大的成本，无数的企业在摸索和试错中耗尽了资金和创业激情，因此，在企业开展一个新业务之前，首先要解决的就是定位问题，然后通过定位明确企业各级战略的方向问题。需要明确的问题如下。

（1）产品卖给谁。即你的目标消费群体是谁。他们年龄如何。教育程度如何。收入如何。是何性别。兴趣爱好如何。在什么样的城市生活。消费习惯如何。

（2）卖什么产品。即你的产品是什么样的款式。什么样的材质。什么样的价格。什么样的描述文案。

（3）在什么地方卖。即你的产品是准备在天猫卖，还是在淘宝集市卖？或是自主开发自己的网站？要不要进入京东商城、当当网、卓越亚马逊等第三方平台？上不上团购？做不做分销？

（4）用什么策略卖。即当你的产品和竞争对手的产品放在一起时，用什么样的策略让消费者记住你？消费者有什么理由去选择你？

2.2 定位管理的实施步骤和方法

1. 市场环境分析

任何企业都是环境的产物。分析世界百强企业的历史可以看出，基业长青的企业都不是当时最成功的企业，而是在时事变迁的过程中，不断改变，不断适应环境的企业。电子商务是一次商业渠道的革命，竞争环境完全不同于传统渠道，“游戏规则”是全新的。对电子商务环境进行理智、细致的分析是成功的第一步。

2. 行业趋势分析

企业准备进入一个电子商务领域，首先要明确如下问题。

（1）这个市场存不存在？

（2）如果存在，够不够大？

（3）每年的增长幅度是多少？

行业趋势分析需要了解的如下几个维度。

（1）这个行业市场规模有多大。淘宝指数（搜索指数、成交指数）如图 2–1 所示。

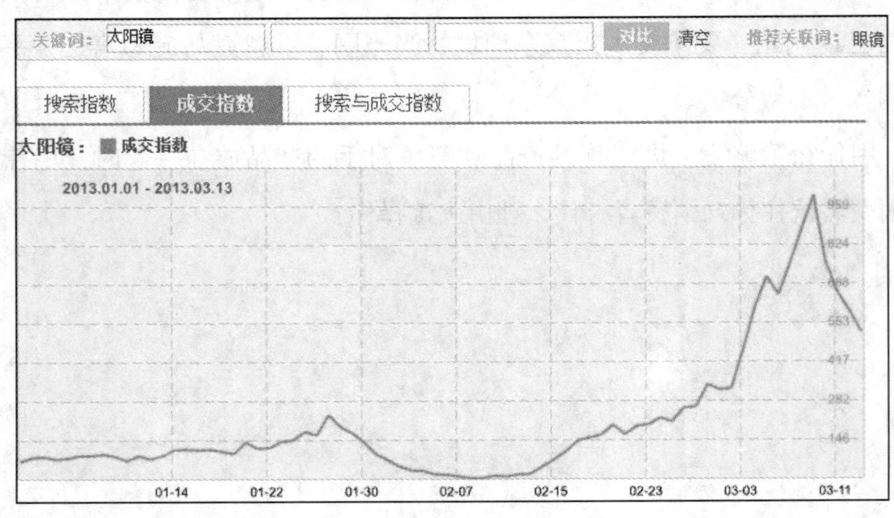

图 2–1　淘宝指数

（2）热销店铺及热销商品。淘宝 Top 10 商品如图 2-2 所示。

相关品牌 | 相关商品 | 相关属性

商品型号/商品品类	销量趋势	热销指数	倾向指数	人群均价
欧美复古墨镜		45,679	99	￥54
太阳镜 雷朋 RB3025		10,935	100	￥209
新款男士墨镜		10,788	6	￥133
新款暴龙太阳镜		8,530	8	￥229
渐变优雅墨镜		4,069	7	￥41
太阳镜 雷朋 RB2140		2,350	19	￥312
时尚男士墨镜		2,235	4	￥19

图 2-2　淘宝 Top 10 商品

（3）市场份额如何分配。即这个行业前 10 名的服务商排名，市场占比，最近 3~5 年的市场份额变化。具体如图 2-3 所示。

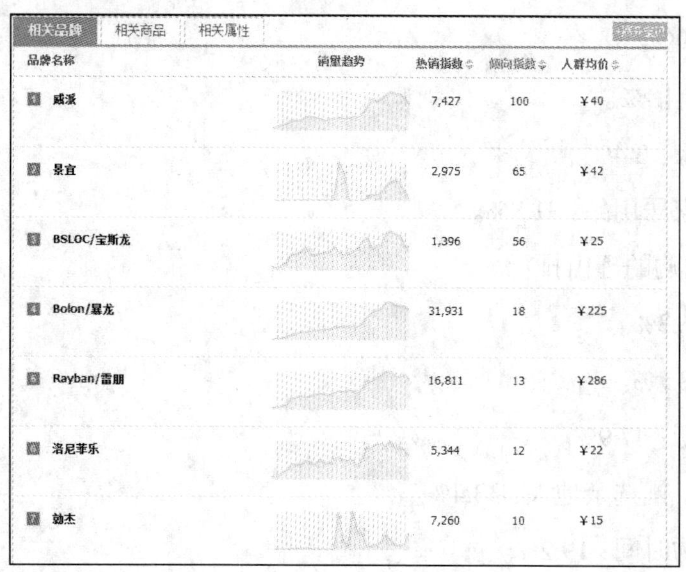

相关品牌 | 相关商品 | 相关属性

品牌名称	销量趋势	热销指数	倾向指数	人群均价
1 威派		7,427	100	￥40
2 景宜		2,975	65	￥42
3 BSLOC/宝斯龙		1,396	56	￥25
4 Bolon/暴龙		31,931	18	￥225
5 Rayban/雷朋		16,811	13	￥286
6 洛尼菲乐		5,344	12	￥22
7 勋杰		7,260	10	￥15

图 2-3　商场份额

数据来源：淘宝系（淘宝指数、量子数据）、研究咨询机构（艾瑞传媒、中国电子商务研究中心）、其他。

数据的准确性直接影响到决策的准确性。向第三方机构购买核心数据是必要的，互联网上也会有各种免费的行业分析数据或报告，但这些数据仅供决策参考，不能作为决策依据。

3. 消费需求及消费者行为特征分析

说明：以下数据来自正望咨询。

网购人群基本特征分析如下。

（1）基本特征：网购人群中月收入 3 000 元以上的占 70%，高中以上学历的占 80%。

（2）网购频率：网购人群中超过 53.5% 的人网购次数在 6 次以上，35.3% 的人网购次数在 12 次以上，平均每人网购 15.8 次。

（3）网购金额：网购人群中平均每人消费 3 371 元，平均每人每次消费 214 元，每年消费超过 2 000 元的消费者占网购人群的 43.9%，每年消费超过 5 000 元的消费者占网购人群的 21.4%。

（4）商品销售金额排行。

① 服装：31.8%。

② 3C：28.9%。

③ 化妆品：4.1%。

④ 书籍音像：3.4%。

⑤ 家具、家居用品：31.8%。

（5）选择网购的理由排行。

① 方便：56.3%。

② 便宜：48.7%。

③ 减少出行：47.9%。

④ 品种多，挑选余地大：33.4%。

⑤ 节约购物时间：19.2%。

（6）网购存在的问题。

① 商品质量达不到要求。

② 物流配送不及时。

③ 看不到实物，不能试穿、试用。

④ 售后服务有问题。

⑤ 假货多。

4. 企业相关商品的消费者特征分析

（1）购物人群性别比例、年龄构成。对于不同性别、不同年龄段的消费者，其消费需求、决策过程均不相同，图 2–4 与图 2–5 所示分别为太阳镜销售情况在性别和年龄维度上的统计。

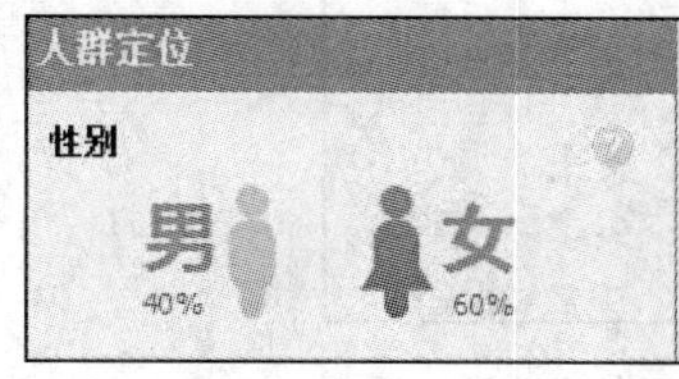

图 2–4　人群定位

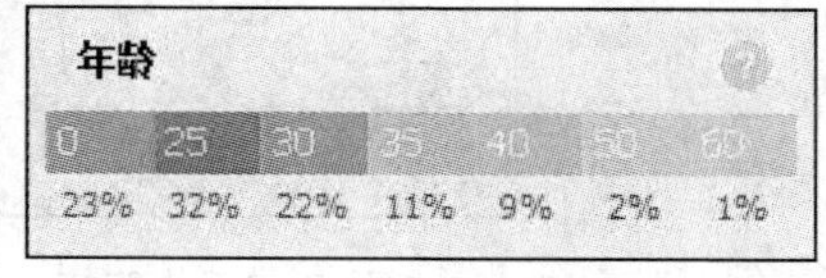

图 2–5　年龄定位

（2）地域分布。对于不同地域的人群，其消费能力、消费偏好有很大的区别。图 2–6 所示为太阳镜的地区购买差异。

北京	广东	浙江	江苏	上海
福建	四川	山东	湖南	湖北
广西	河南	河北	重庆	天津
山西	江西	辽宁	吉林	黑龙江
安徽	陕西	云南	海南	贵州
西藏	甘肃	青海	宁夏	新疆
内蒙古	台湾	香港	澳门	海外

请选择省份

江苏 10%　浙江 9%　广东 8%

图 2–6　太阳镜的地区购买差异

（3）消费层级分布。这是指某个品类消费者消费能力的分析，它决定了商品的价格定位。图 2–7 所示为太阳镜销售在消费层级的统计。

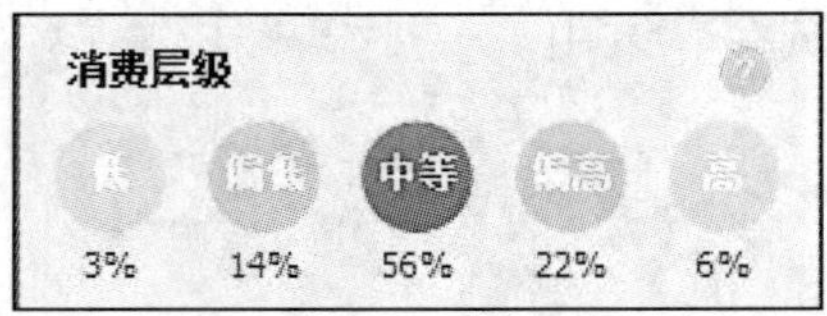

图 2–7　太阳镜销售在消费层级的统计

（4）买家等级。这是对网购消费者购物经验的分析，以此数据决定网店的体验设计、产品描述、客服培训等内容。图 2–8 所示为太阳镜消费者的统计。

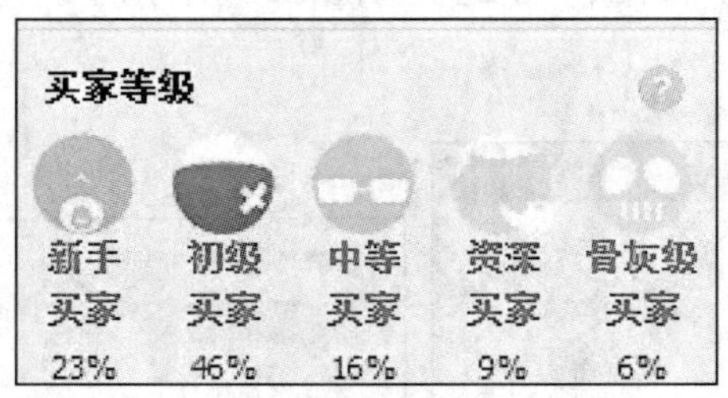

图 2–8　太阳镜消费者的统计

（5）消费者体验分析。这是指分析消费者购买行为发生后对商家商品和服务的体验反馈，直观了解消费者的价值判断标准、对产品和服务的满意程度、在意的问题、厌烦的问题、未被满足的需求等。具体如图 2–9、图 2–10 所示。

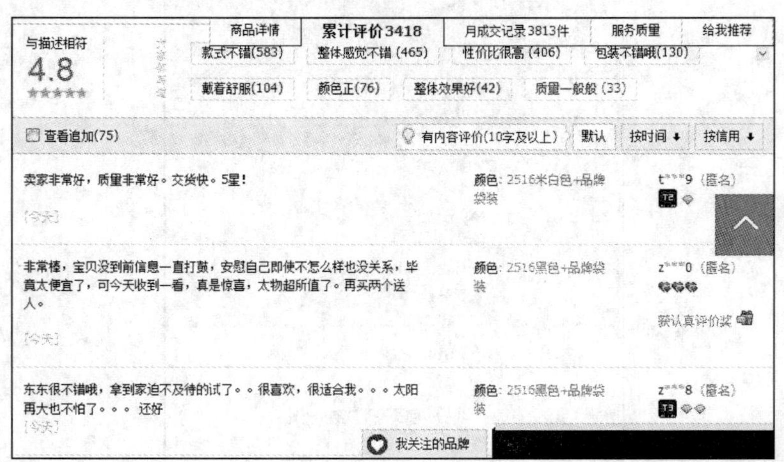

图 2–9　淘宝网的信用评价

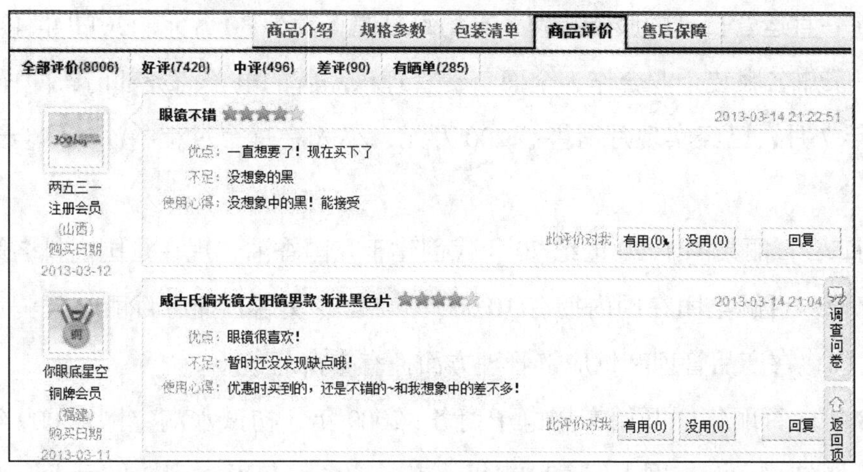

图 2–10　京东商城的商品评价

5. 竞争对手分析

（1）谁是你的竞争对手？在某个特定的市场区域，和你的产品和服务形成直接客户争夺的服务商才是你的竞争对手。例如，淘宝网 A 类目 Top 50 热销店铺。

（2）竞争对手的热销产品是什么？竞争对手的热销产品是其核心竞争力所在。例如，淘宝网 A 类目 Top 100 热销产品。

通过分析竞品数据，帮助企业制定产品策略。

（3）竞争对手的市场活动分析。分析 B 店铺广告投放规律和促销活动的规模和力度。例如，淘宝网硬广告和钻展的力度，以及是否参加淘金币和聚划算活动等。

6. 企业资源分析

在市场经济环境中，遵循的市场法则是优胜劣汰，此法则保障市场行为的高效率。因此，每个市场活动的参与者必须依靠自身的优势在市场竞争中保证优势地位。如何整合自身资源、营造竞争优势是每个企业的必修课。

（1）品牌资源分析。品牌的本质是信任和依赖。品牌是通过时间和信誉的持续累积而得的。在电子商务领域，一家企业的店铺和商品都是虚拟的，都是代码的编排，消费者天然地对网络购物缺乏信任感，因此，品牌对电子商务来说是关键的资源。

案例一：小 A 是一家电子商务运营服务商的负责人，他的团队共有 16 个人，

2011 年前一直运营自己的服装品牌，平均每月销售额为 30 万元。2011 年 4 月，小 A 与国内一家知名服装企业合作，全面负责管理该品牌的电子商务部门，同样的团队，在 2011 年 7 月，已经实现月销售额 200 万元，小 A 在这个过程中深深体会到品牌的力量。

案例二：百丽集团于 20 世纪 70 年代创建于我国香港，现在是国内排名第一的鞋企。据统计，百丽集团在国内拥有 10 000 家自营专卖店，拥有百丽、天美意、森达等六大品牌，在产品管理和供应链管理方面拥有丰富的经验。

2008 年，百丽集团开始布局电子商务；2009 年，初试水淘宝网；2009 年 11 月，独立 B2C 网站——淘秀网上线；2010 年，电子商务销售额达到 3 亿元，取得初步的成功，在国内传统企业电子商务化历程中走在前列；2011 年 7 月，百丽集团宣布投资 2 亿美元打造 B2C 购物平台——优购网，并制定了进军鞋类 B2C 前三的年度目标。

百丽集团试水电子商务获得的初步成功原因有如下 3 点。

a. 强大的品牌优势。

b. 强大的产品和供应链管理能力。

c. 管理层进军电子商务的强大决心。

① 品牌资产的盘点。企业需要问自己以下几个问题。

a. 自己的品牌认知度如何？

b. 自己的品牌信任度如何？

c. 自己品牌的影响区域是哪些？

d. 自己的品牌在线上有影响力吗？

② 品牌认识。

a. 商标不等于品牌。品牌是基于用户认知及信任的，没有用户基础的商标不是品牌。

b. 知名度不等于品牌。知名度是消费者对产品的认知，它可以引起购买尝试，尝试后消费者的口碑形成重复购买，只有消费者的口碑才是品牌产生的基础。

c. 线下品牌不等于线上品牌。由于线下销售与线上销售的消费群体是有巨大差异的，线下能获得认可的品牌未必在线上也受欢迎，同理，在线上运营很好的品牌在线下销售也会碰到很多困难。

（2）产品资源分析。

① 产品的优势是什么？电子商务的本质是零售，而产品是零售服务的载体。要分析产品过去是依靠什么获得消费者认可的，是品质、价格还是服务。产品的优势是企业在电子商务渠道竞争中获胜的基础。

② 产品线的优势是什么？企业产品线的完整是其满足客户多样化需求的基础，也是企业具有行业影响力的标志，企业新品推出的数量和频率是其持续获得客户的核心能力。

③ 产品适合做电子商务吗？电子商务渠道有其独特的性质，商品的选择决定了未来的规模、瓶颈、风险、业务模式和产品边界。电子商务渠道对产品的选择需注意如下问题。

- 是不是准必须品？
- 是不是大众商品？
- 是不是可产生重复、持续购买的商品？
- 是不是标准化商品？
- 是不是比线下价格有优势又有利润商品？
- 是否严重受水货、假货冲击？
- 售后是否麻烦？
- 单价是否过高？
- 运输是否便利？
- 是不是市场变化快且容易贬值的商品？
- 是不是主商品？
- 是不是非阶段性需求商品？

（3）供应链资源分析。

① 什么是供应链？供应链是围绕核心企业，通过对信息流、物流、资金流的控

制，从采购原材料开始，再制成中间产品及最终产品，最后由销售网络把产品送到消费者手中的，将供应商、制造商、分销商、零售商，直到最终用户连成一个整体的功能网链结构。它不仅是一条连接供应商与用户的物流链、信息链、资金链，还是一条增值链，物料在供应链上因加工、包装、运输等过程而增加其价值，给相关企业带来收益。

② 供应链是电子商务的核心竞争力。

在线零售的本质也是零售，它与传统零售的区别无非是依托于互联网的渠道，借助互联网的信息传播工具，因此，电子商务必然遵循零售的基本规律，所有的零售企业包括电子商务企业，供应链管理都是重中之重。

电子商务需要解决三个问题：好货、卖好、送好。因此，网站、网店解决的只是“卖好”的问题，仅仅是前端，只是冰山的一角。而“好货”和“送好”是供应链部分，是电子商务的核心部分，是电子商务的后台。决定电子商务成败的是设计、采购、生产、物流仓储、配送等供应链各环节。

互联网是透明的、开放的，电子商务的竞争差异化越来越难以实现，更多的竞争是价格和服务，而价格优势取决于企业供应链的效率。例如，物流成本是电子商务最大的成本之一，物流成本的降低取决于供应链的效率。

为什么淘宝网曾经的大卖家最后都销声匿迹了？因为供应链。

为什么京东商城、凡客诚品一定要自建物流？因为供应链。

为什么百丽集团、七匹狼服饰进军电子商务能快速形成规模？因为供应链。

为什么沃尔玛、苏宁易购能快速成为电子商务巨头？因为供应链。

每一家想要从事电子商务的企业都要认真评估自己的供应链优势，这是企业生存和发展的根本。

- 是否有自己的设计团队？
- 是否有自己的原料基地？
- 是否有自己的生产基地？
- 是否有优质的供应商？

● 是否有现代化的仓储物流系统?

（4）团队资源分析。成功运营一家电子商务公司需要有如下三大核心能力。

① 互联网能力。即对互联网渠道的理解和控制能力，准确地说是互联网推广和流量捕获能力，这是完全不同于企业传统的运营能力。

② 供应链管理能力。这本应该是传统企业的强项，但电子商务的跨地域性、价格体系的扁平化、对生产和库存的柔性要求同时对企业的分销体系、价格体系、生产和库存管理体系形成巨大的挑战。

③ 数据能力，包括数据处理和数据分析能力。数据处理即信息系统对业务的支撑，电子商务的模式是通过信息化来提高商业系统的运营效率的，而效率是通过企业高效的数据处理能力来获得的，如网络商城系统、订单管理系统、仓储物流系统、客户管理服务系统。

数据分析能力是通过对运营数据的分析来评估市场推广手段的投资收益、分析消费者的行为特征、测试商品品类的市场反应，最终对企业下一步的运营策略提供依据的。

三大核心能力对应的是相应的人才储备，尤其是项目的领导者，既要有传统的产品运营能力，又要有互联网、电子商务的运营经验。

是否有一个完整的电子商务运营团队，是开始电子商务项目的基础，是内部提拔还是外部招聘，是决策前需要仔细考量的问题。

2.3 企业战略 SWOT 分析法

1. 什么是 SWOT 分析

SWOT 分析法是一种企业战略分析方法，即根据企业的条件进行分析，找出自身的优势、劣势及核心竞争力。其中，S 代表 strength（优势），W 代表 weakness（弱势），O 代表 opportunity（机会），T 代表 threat（威胁），其中，S、W 是内部因素，

O、T是外部因素。按照企业竞争战略的完整概念，战略应是一个企业“能够做的”（即组织的强项和弱项）和“可以做的”（即环境的机会和威胁）之间的有机组合。

SWOT分析是电子商务项目定位前必做的功课之一，市场竞争的是企业的资源和资源整合能力，理性和客观的分析是好战略的开始，孙子兵法云：夫未战而庙算胜者，得算多也；未战而庙算不胜者，得算少也。多算胜，少算不胜，而况于无算乎！

2. SWOT分析的步骤

（1）确认优势（S）。

① 自己擅长什么？

② 自己有什么新技术？

③ 自己能做什么别人做不到的？

④ 自己和别人有什么不同的？

⑤ 自己为何能获得顾客的喜爱？

⑥ 过去因何成功？

（2）寻找劣势（W）。

① 什么是自己不擅长的？

② 自己缺乏什么技术和人才？

③ 对比自己，别人有什么优势？

④ 不能够满足何种顾客需求？

⑤ 过去因何失败？

（3）发现机会（O）。

① 市场中有什么未被满足的需求？

② 市场中有什么适合自己的机会？

③ 自己可以提供什么新的产品和服务？

④ 可以吸引什么样的新顾客？

⑤ 自己的竞争优势是什么?

⑥ 自己在 3~5 年的发展计划是什么?

(4) 找出威胁(T)。

① 市场最近有什么改变?

② 竞争者最近在做什么?

③ 我们是否能赶不上顾客需求的改变?

④ 政治、经济环境将会如何变化?是否会影响企业的健康发展?

⑤ 是否有什么事会影响到企业目标的达成?

2.4 电子商务战略定位

战略定位就是企业领导层通过对内、外部环境的分析,对企业自身优势与劣势进行比较,最终得出企业要“做什么”和“如何做”的结论,一旦战略确定,企业将会注入人、财、物等大量资源,将会承担巨大的市场风险。

1. 目标市场定位

首先需要准确地描述出目标消费者的特征:

(1) 他(她)们的年龄段是多少?

(2) 他(她)们的性别特征是什么?

(3) 他(她)们的教育背景是什么?

(4) 他(她)们的收入水平是多少?

(5) 他(她)们的生活状态是什么?

(6) 他(她)们的购买效果怎样?

(7) 他(她)们在何时购买?在何时使用?

(8) 他(她)们的购买频率如何?

对于目标消费者,了解得越确切,我们的产品才能越快速地在消费者的大脑中占据有利位置。

2. 商品定位

确定企业将首先在电子商务领域推出哪些产品线，价格定位如何。

（1）产品线的原则。

① 锲型战略，贵在专注。在客户认可之前，专注更能强化自身的优势。前期推广应选择市场反映最好，产品优势最大的品类。例如，凡客诚品首推男性衬衫，之后是男装、女装、家居用品、时尚用品。

② 产品布局合理。产品库存量过多、过少都会影响企业运营，品类过多则管理成本高、效率低下。品类少，无法满足客户的多样需求，销售额提高慢。产品类别中会有流量款（重点推广，并给网站带来大量客户的产品）、促销款（吸引客户下单的产品）、利润款（毛利较高的产品）、形象款（不求销量，可以拉升店铺形象的产品）之分，布局要合理。

③ 新品推出策略。新品发布是网站吸引买家的好机会，在淘宝网店也需要不断推出新品以吸引新老买家，快速更新的网店更能吸引新老买家的追捧，每周一次，甚至每天一次的更新，会让买家更有购买乐趣，让买家随时都想到网站看看。新品推出需要让买家知道，发站内短信、群发邮件、群发旺旺 /QQ 信息、发微博等都是比较好的手段。

（2）商品价格的原则。

① 商品价格体系优化。商品价格过高会增加买家购买的顾虑，也会因超出其购买力而影响销售；价格过低则影响客单价，影响销售额，使推广成本过高。对于产品定价建议分析目标消费者购物的历史数据，同时参考竞争对手类的似产品品类的均价。

② 要有合理利润。产品利润的设计直接决定了产品的前途，没有合理的利润，就无法进行广告推广、无法参加促销活动、无法选择优质的物流商、无法支撑优质的售后服务、无法研发新品、无法支撑优质的团队、无法建设高效的物流仓储系统，也就

是说没有利润的产品是没有前途的。从消费心理分析，客户不是贪图便宜，而是要占便宜，要让产品有品牌溢价，关键是要给客户更多的品质，让客户有理由接受高价。什么是品质？品质就是围绕产品设计出来的与众不同的说法、故事，从而衍生出的精神层面的价值。

③ 如何处理线上、线下价格冲突。价格冲突是必然要发生的，消费者已经形成线上应该比线下便宜的思维习惯。但线上卖便宜了，线下的渠道会受到冲击，更多是对经销商心理的冲击，尤其在线下销量占主流的情况下，更是要把握好平衡。

比较常用的策略是：线上、线下产品线的差异化，这样价格无从比较，如百丽集团同款女鞋通过颜色、配件等的差异形成差异化；线上、线下产品附加值的差异化，如线下产品有更多赠品或增值服务等；线上、线下品牌差异化，使用不同的品牌；线下、线上消费群重合度小，不用考虑价格差异。

3. 渠道定位

当前电子商务渠道有如下选择。

（1）电子商务直营渠道。电子商务直营渠道的典型代表是淘宝网、天猫商城、拍拍网、QQ 商城、乐酷天商城，特点是依托第三方电子商务平台，商家自由组织营销、运营和售后工作。其中，淘宝网 2010 年占据了电子商务直营渠道 79% 的市场份额（引自波士顿咨询《2011 中国电子商务报告》），那么在电子商务直营渠道这块，重点就是淘宝集市、天猫商城。

另外一类比较典型的电子商务直营渠道就是独立 B2C 网站。但由于独立 B2C 网站复杂程度很高、投资规模大、运营难度很大，需要具备非常强的运营团队和强大的供应链及资金支持才可以尝试。

电子商务直营渠道需要产品好、团队强、资本足，风险与机会同在。

（2）电子商务分销渠道。广义的电子商务分销渠道包括 B2C 分销和淘宝分销。B2C 分销可以简单地理解为给 B2C 平台直接供货。随着电子商务的高速发展，B2C 网站之间的竞争在某种意义上是货品的竞争，目前京东商城、当当网、卓越亚马逊都在开放分销业务，随着 B2C 平台规模的不断扩大，B2C 分销的销售规模可观。

淘宝分销平台因为淘宝网在电子商务领域占据非常大的份额，淘宝分销平台依托巨大的淘宝卖家群体，具有不可小视的能量。

电子商务分销需要有一定的品牌支撑，需要一定规模的库存承载力和现金流支撑。几乎所有的 B2C 渠道都会有账期，普遍在 15~45 天，而目前 B2C 都有不小的销售规模，所以对现金流和库存量的要求都比较高。而且大宗交易的配送压力也比较大，依靠第三方物流的配送还是存在一些不确定性。

（3）电子商务团购渠道。从 2010 年开始，团购成为电子商务新模式。团购的全称是团体购物，指认识或不认识的消费者联合起来，加大与商家的谈判能力，以求得最优价格的一种购物方式，它在销售规模和未来市场上占有一定的比重。

电子商务团购渠道的核心是价格竞争力，与团购网站的合作一般是低毛利或者零毛利，电子商务团购对于清理库存、推广品牌和锻炼队伍有着比较大的作用，因为团购能够在短时间内提升销售量级，对锻炼队伍和提升知名度有非常大的帮助。

那么，如何选择电子商务渠道呢?

不同类型的商家，对于电子商务渠道的诉求是不同的。对于生产商来说，网络渠道的意义是销量。对于经销商来说，网络渠道的意义是销量和利润。对于品牌商来说，网络渠道的意义是品牌推广和分销体系。

① 生产商。由于生产商(这里指的是有自有品牌的生产商)的核心竞争力是产品生产力和设计力，在选择渠道的时候，应该尽量降低渠道的管理和运营难度，在现金流充足的情况下，适宜采用以 B2C 分销为主、淘宝分销为辅的渠道组合。

② 经销商。经销商的核心是手里有一些品牌的授权，这些品牌在线下的表现大多不错，也有比较好的品牌和消费者基础。但是经销商遇到的最大问题是品牌商对于授权和价格的管控，所以经销商的分销策略取决于品牌商的分销策略。经销商的构架应该以 B2C 分销渠道、淘宝旗舰店为主。

③ 品牌商。品牌商在电子商务分销渠道的建设上最具有主动权，当然风险也最大。由于一时之间无法很好地解决线上、线下渠道冲突的问题，品牌商以副牌或新

网络品牌运营也不失为一种折中的选择。

品牌商首先把握的是制高点，所以建议以大型 B2C 分销、淘宝旗舰店、独立官方网站的组合方式呈现。

4. 差异化策略定位

定位是什么？定位是给产品一个独一无二差异化的东西，是给消费者一个购买产品的理由，是企业区别于竞争对手的特点！

（1）定位方法一：成为第一。要想尽一切办法找到使自己成为第一的事情，可以是事实，也可以是愿望，然后勇敢地说出来。找出一个角度，让自己成为第一。

（2）定位方法二：成为专家。消费者对专注于特定业务和产品的企业印象深刻，他们将这些企业理解成“专家”，认为它们有超出一般的知识和专业技术。

把自己塑造成某一领域的专家，更容易让消费者记住并赢得他们的信任。

当当网是销售图书的专家，京东商城是销售 3C 产品的专家，红孩子是销售母婴用品的专家，麦包包是销售箱包的专家。

（3）定位方法三：挖掘特色。无论产品的特征有多少，人们也只会认定其最显著的特性。产品的特性会带出“唯一”感，如果你能在消费者心中形成自己的特性，消费者会给其附加上很多其他好处。

宝马汽车的驾驶乐趣、奔驰汽车的乘坐舒适度、沃尔沃汽车的安全性、丰田汽车的节油性都是因为其独特的产品特色而让人牢记。

（4）定位方法四：成为最新。社会的发展让消费者不断寻找最新的东西，他们在购买被认为过时的产品时，会感觉不舒服。

2.5 核心知识及分析工具

1. 定位理论

定位理论的核心是“一个中心、两个基本点”：以打造品牌为中心，以竞争导向和进入顾客心智为基本点。

（1）以打造品牌为中心。

从根本的角度思考，营销的过程就是创造顾客、打造品牌的过程，营销就是打造品牌。从更广义的角度讲，创建伟大企业的过程其实就是创造顾客、打造品牌的过程，做企业就是做品牌，企业运营的本质就是打造品牌。

定位理论所有的概念、观点、体系都服务于打造品牌这个目的，是围绕打造品牌而展开的。离开打造品牌这个中心，谈论定位理论，必然会误入歧途。

（2）以竞争导向为基本点。

顾客重要还是竞争重要？传统的营销理论认为，顾客更重要，没有顾客就不会有竞争，营销就是为了满足顾客的需要和需求。“顾客是上帝”观念至高无上，广为流传。至今顾客导向的观念仍然深入人心。

从纯理论的角度讲，顾客确实比竞争重要；但从实战的角度看，解决竞争才是最重要的。从满足、服务顾客的角度看营销，营销必然走向趋同，没有差异，最终只有沦落到打价格战的深渊；而从竞争的角度看营销，营销就会有活力，营销必然走向创造顾客、创造需求的新境界，不断引领企业开创新的未来。

竞争导向要求营销者首先考虑的问题是如何让自己的品牌与竞争品牌区分开来，实现差异化，把生意从竞争对手那里转换过来。这是定位思考的起点。

营销就是战争，商场就是战场。定位就是在与竞争对手正式开战之前进入和占据一个最有利的位置。定位是建立在竞争之上，随着竞争的发展而发展的。

竞争导向的观念是定位理论的第一个基本点。

（3）以进入顾客心智为基本点。

营销中没有事实，只有认知。这是商业中最隐秘、最基本的真理，如下 3 个方面的原因导致了这一点。

① 从事实到认知有一个过程，我们不能跨越这个过程。这个过程就是事实要经过大脑的过滤、解读，最终体现事实的认知。

② 人们已经形成既有的认知和观念，他们认为自己的这些既有认知、观念就是事

实。而这些既有的认知、观念会影响人们对新事物的认知。这表现在如下两个方面。

其一，心智中既有的认知、观念会让人们有选择地接收信息，你“看到”、“听到”、“尝到”的事物往往是你“希望看到”、“希望听到”、“希望尝到”的。

其二，心智中既有的认知、观念有时会产生误导。例如，在一个装满自来水的瓶子上贴上某纯净水品牌的商标，你对这个品牌既有的认知（纯净水）将会影响到你对事实（自来水）的判断。

③ 顾客的认知逻辑与企业的认知逻辑往往相反。虽然他们都认为质量更好的产品一定会胜出，企业判断质量的标准是产品的技术指标、最好的检测仪器（它们很自然地认为自己的产品质量更好），而顾客认为哪一种产品得到更多顾客青睐哪一种产品的质量就更好，顾客没有能力也没有精力去理会那些所谓的技术指标。这就是心智认知规律所揭示的事实。

其实所有的广告都是要影响人们的认知，如果没有影响到，广告就是失败的；如果影响到了，它就是成功的。离开认知，就没有办法谈营销。

营销之战不是事实之战，不是产品之战，不是市场之战，而是认知之战。商战的地点不是事实，不是产品，不是市场，而是心智。

商战的目的其实就是设法进入心智认知并占据一席之地。定位就是选择、占据心智认知上最有利的位置，通过商战实现这一目的。商战在顾客的心智中进行，心智企业你获胜的地方，也是落败的地方，心智决定成败。商战中没有事实，只有认知，认知即事实，认知决定成败。

2. SWOT 分析工具

SWOT 分析法（也称 TOWS 分析法、道斯矩阵）即态势分析法，20 世纪 80 年代初由美国旧金山大学的管理学教授韦里克提出，经常被用于企业战略制定、竞争对手分析等场合。SWOT 分析实际上是将对企业内外部条件各方面内容进行综合和概括，进而分析组织的优劣势、面临的机会和威胁的一种方法。

通过 SWOT 分析，可以帮助企业把资源和行动聚集在自己的强项和有最多机会的地方，并让企业的战略变得明朗。

优劣势分析主要着眼于企业自身的实力及其与竞争对手的比较，而机会和威胁分析将注意力放在外部环境的变化及对企业的可能影响上 。在分析时，应把所有的内部因素（即优劣势）集中在一起，然后用外部的力量来对这些因素进行评估。

(1)机会与威胁分析。

随着经济、社会、科技等诸多方面的迅速发展，特别是世界经济全球化、一体化过程的加快，全球信息网络的建立和消费需求的多样化，企业所处的环境更为开放和易变。这种变化几乎对所有企业都产生了深刻的影响。正因为如此，环境分析成为一种日益重要的企业职能。

环境发展趋势分为两大类：一类表示环境威胁，另一类表示环境机会。环境威胁指的是环境中一种不利的发展趋势所形成的挑战，如果不采取果断的战略行为，这种不利趋势将导致企业的竞争地位受到削弱。环境机会就是对企业行为富有吸引力的领域，在这一领域中，该企业将拥有竞争优势。

对环境的分析也可以有不同的角度。例如，一种简明扼要的方法就是 PEST 分析，P 是政治 (Political System)，E 是经济 (Economic)，S 是社会 (Social)，T 是技术 (Technological)。在分析一个企业集团所处的背景的时 候，通常使用这 4 个因素来进行。

(2)优势与劣势分析。

识别环境中有吸引力的机会是一回事，拥有在机会中成功所必需的竞争能力是另一回事。每个企业都要定期检查自己的优势与劣势，这可通过填定表 2-1 所示的“企业经营管理检核表”的方式进行。企业或企业外的咨询机构都可利用这一表格检查企业的营销、财务、制造和组织能力。每一要素都要按照特强、稍强、中等、稍弱或特弱划分等级。

表 2-1 企业经营管理检核表

因素	优势	劣势
营销能力 1. 公司信誉 2. 市场份额 3. 产品质量 4. 服务质量 5. 定价效果 6. 分销效果 7. 促销效果 8. 销售员能力 9. 创新效果 10. 地理覆盖区域		
财务能力 11. 资金成本 / 来源 12. 现金流量 13. 资金稳定性		
制造能力 14. 设备 15. 规模经济 16. 生产能力 17. 人力资源 18. 按时交货能力 19. 技术和制造工艺		
研发能力 20. 新产品开发能力 21. 技术创新能力		
组织管理能力 22. 有远见的领导 23. 具有奉献精神的员工 24. 创业导向和企业家精神 25. 弹性 / 适应能力 26. 共有价值观和企业文化		

当两个企业处在同一市场或者说它们都有能力向同一顾客群体提供产品和服务时，如果其中一个企业有更高的盈利率或盈利潜力，那么，我们就认为这个企业比另外一

个企业更具有竞争优势。换句话说，所谓竞争优势，是指一个企业超越其竞争对手的能力，这种能力有助于实现企业的主要目标——盈利。但值得注意的是：竞争优势并不一定完全体现在较高的赢利率上，因为有时企业更希望增加市场份额，或者多奖励管理人员或雇员。

竞争优势可以指消费者眼中一个企业或它的产品有别于其竞争对手的任何优越的东西，它可以是产品线的宽度、产品的大小、质量、可靠性、适用性、风格和形象及服务的及时、态度的热情等。虽然竞争优势实际上指的是一个企业比其竞争对手有较强的综合优势，但是明确企业究竟在哪一个方面具有优势更有意义，因为只有这样，才可以扬长避短，或者以实击虚。

由于企业是一个整体，而且竞争性优势来源十分广泛，所以，在进行优劣势分析时，必须从整个价值链的每个环节上，将企业与竞争对手做详细的对比。如产品是否新颖、制造工艺是否复杂、销售渠道是否畅通，以及价格是否具有竞争性等。如果一个企业在某一方面或几个方面的优势正是该行业中的企业应具备的关键成功要素，那么，该企业的综合竞争优势也许就强一些。需要指出的是，衡量一个企业及其产品是否具有竞争优势，只能站在现有潜在用户的角度上，而不是站在企业的角度上。

企业必须深刻地认识到自身的资源和能力，采取适当的措施维持竞争的优势。因为一个企业一旦在某一方面具有了竞争优势，势必会吸引竞争对手的注意。一般来说，企业经过一段时期的努力，建立起某种竞争优势，然后就处于维持这种竞争优势的态势。竞争对手开始逐渐做出反应。之后，如果竞争对手直接进攻企业的优势所在，或采取其他更为有力的策略，就会削弱这种优势。

影响企业竞争优势持续的时间的 3 个关键因素如下。

① 建立这种优势要多长时间？

② 能够获得的优势有多大?

③ 竞争对手做出有力反应需要多长时间?

如果企业分析清楚了这 3 个因素，就会明确自己在建立和维持竞争优势中的地位了。

显然，企业不应去纠正自己的所有劣势，也不要忽视自己的优势。主要的问题是企业应研究自己究竟是应只局限在已拥有优势的机会中，还是去获取和发展一些优势以找到更好的机会。有时，企业发展慢并非因为其各部门缺乏优势，而是因为它们不能很好地协调配合。

3. 淘宝指数

淘宝指数是淘宝官方的免费数据分享平台，于2011年年底上线。通过它，用户可以查看淘宝购物数据，了解淘宝购物趋势。而且淘宝指数不仅仅面向淘宝卖家，还包括淘宝买家及广大的第三方用户，同时阿里巴巴承诺将永久免费服务，这无疑使之成为阿里巴巴旗下一强大精准的数据产品。

淘宝指数的价值如下。

（1）**买家**：淘宝指数可作为购物决策的参谋，了解当下流行趋势，了解同一类人的购物倾向及特点，看其与其他类人有什么不一样。

（2）**卖家**：淘宝指数就是一个免费的市场行情参谋，可以从中看到最近什么东西卖得最火，店铺的主流消费者是怎样的，以便于更加精准地营销。

（3）**第三方**：包括媒体、行业专家、数据爱好者，可借助淘宝指数这个开放的信息共享平台，获取当下流行的购物趋势，或研究或做参考。

淘宝指数相关数据定义如下。

淘宝指数的数据来源是宝贝数据模板，宝贝数据模板是以宝贝作为元数据，目前包括如下维度。

（1）人群指数：购买该宝贝的人的性别、年龄、地域、星座、消费层级等分布。

（2）热销指数：该宝贝的近7天销量、近30天销量。

（3）价格指数：购买该宝贝价格的平均值。

（4）相关款式：购买了该宝贝的人还买了同类项目下的其他宝贝。

（5）相关风格：与该宝贝在同CPV（按展示数量计费的广告模式）下的宝贝。

2.6 案例分析

木工坊的 Linda 接连拜访了多位电子商务行业的优秀从业者，也不断阅读有关电子商务运营的书籍和文章，通过和团队反复沟通，管理团队达成如下共识。

（1）儿童玩具在淘宝网中是一个重要的品类，预计到 2014 年这个品类将达到 100 亿元的规模，而木制玩具作为一个小众产品，在儿童玩具销售额中可占 10% 左右。

（2）随着生活水平的提高，代表着高品质文化和生活水平的木制玩具会被越来越多的父母接受。

（3）在木制玩具这个细分市场，竞争并不激烈，具有统治力的品牌尚未出现。

（4）回归国内市场是早晚的事，晚行动不如早行动。

主意已定，Linda 立即开始行动，运用自己从 EMBA 中学习的理论，对公司进行了一个 SWOT 分析。

1. 优势

（1）拥有世界一流的玩具设计团队。

（2）拥有优秀的生产体系，产品获得欧美最严格的安全体系认证。

（3）团队对回归国内市场众志成城。

2. 劣势

（1）公司品牌在国内影响力弱小。

（2）公司当前没有懂得电子商务运营和熟悉国内玩具市场的人才。

（3）从大批量出口型生产模式向小批量柔性生产模式过渡困难重重。

3. 机会

（1）拥有国内一流的生产供应链体系。

（2）国内木制玩具市场竞争尚处于初级阶段。

4. 威胁

（1）国外优秀玩具品牌开始进入国内市场。

（2）从无到有建立一个能够获得消费者认知的品牌需要时间。

（3）建设一套适应电子商务业务的供应链体系同样是个挑战。

经过团队近 2 周的数据分析，得到的国内木制玩具消费群体特征如图 2-11 所示。

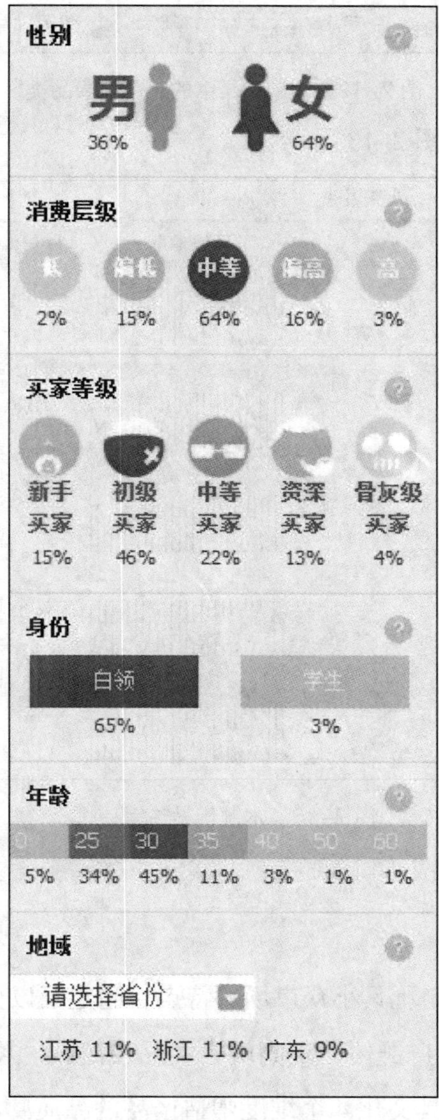

图 2-11 国内木制玩具消费群体特征

木制玩具中的热门搜索品类如图 2–12 所示。

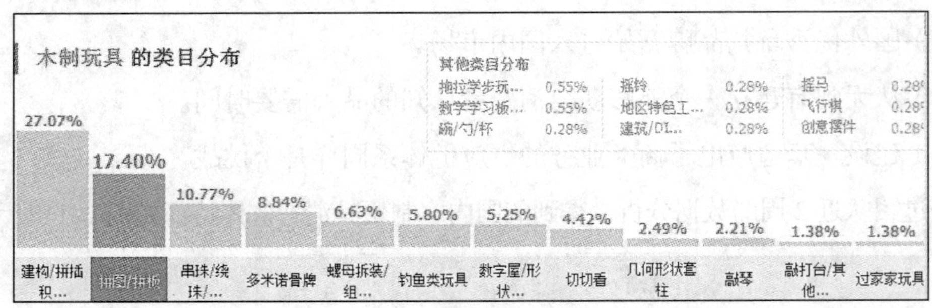

图 2–12 木制玩具中的热门搜索品类

木制玩具热销品牌如图 2–13 所示。

相关品牌 | 相关商品 | 相关属性

品牌名称	销量趋势	热销指数	倾向指数	人群均价
1 沃迪		1,252	100	¥13
2 Logwood/乐木		1,026	83	¥7
4 丹妮奇特		803	11	¥21
3 木王之秀		441	28	¥4
5 QZM/巧之木		423	10	¥32

图 2–13 木制玩具热销品牌

Linda 和她的团队制定了如下策略。

1. 产品策略

（1）**高端化：**根据木制玩具小众市场的特点，制定了以文化层次、收入水平相对高端的白领人群为目标客户群体，走高端、高品质路线。将通过现代感的设计、优质原材料、环保工艺、玩具文化 4 个维度塑造产品的品质感。

（2）**安全化：**玩具是给一个家庭中最受呵护的成员使用的，因此，安全是第一位的。木工坊的产品通过了最严格的欧洲儿童玩具标准检测。团队提出了“可以咬的玩具”的宣传口号，直观地传递安全的产品特性。

（3）**教育化：**家长在买玩具的时候，在考虑孩子快乐的同时，更希望孩子能在玩乐中学到更多的知识、技能及养成良好的生活习惯，也就是说玩具要具备更多的教育功能。

（4）**系列化：**对于小众产品，提升客户的重复购买率变得非常重要。针对孩子的不同年龄段，针对不同的能力养成维度开发系列化的产品。如车库产品配套的上百款汽车模型，让顾客的消费行为持续且具备黏性。

2. 价格策略

（1）中高端的定价策略。在国内相关竞争对手中维持价格的中上水平，在不了解产品的消费者心中，价格是和品质等同的。根据不同的渠道，分配不同的产品线。京东商城渠道主打高价款，天猫、淘宝集市主打中档产品。

（2）低价引流款持续促销。对于一个新品牌，需要让更多人了解，低价是吸引新顾客的有效手段。选取性价比高、库存充足、大众化的产品进行促销是扩大市场占有率的有效手段。低价引流的目标是：扩大用户群规模，赢取口碑。

3. 渠道策略

（1）自营渠道。

鉴于塑造品牌的长远目标，团队决定重要的电子商务渠道采用自营模式。天猫旗舰店、京东商城、拍拍商城旗舰店采用自建团队的模式。目标是维护品牌的高端定位，维系产品的价格体系。

（2）分销。

自营团队的经验需要积累，短期内销量很难爆发。企业拥有强大的供应链，产品在市场竞争力强大。因此，多渠道分销是个不错的选择。优秀的产品嫁接优秀的渠道，可以迅速抢占市场，提升产品的影响力。

Linda 和她的团队明白，电子商务渠道是一条崭新的路，目前的策略也绝不是最终策略，需要在实践中不断调整和修正。过程中肯定会有挫折，会有失败，会交高昂的学费。但他们明白这一步是必须要跨出的，只要已经出发，最困难的时刻就已经过去了。

第3章 商品规划及管理

商品管理，简单来说，就是零售商努力在正确的时间和正确的地点，以正确的价格向顾客提供正确数量的正确商品的程序，满足顾客的需求，达成企业的财务目标。

电子商务企业的商品管理工作主要由市场定位、品类管理、商品结构、商品组合、商品选择、供应商管理、商品调整等工作项目组成。

本章学习目标

知识目标

□网上零售商品管理的相关概念
□商品规划的常见分类
□商品管理的流程

技能要点

□能针对不同企业的业务模式制定商品规划方案
□掌握商品采购及供应商管理的基本技能
□掌握销售预测的思维方法

场　景

GOSHOP 是一家垂直 B2C 网站，成立于 2008 年，主营男士休闲服饰，以大学毕业进入职场 2~5 年的公司白领为目标客户。公司产品定位清晰，团队执行力强大，2010 年销售额就达到 4 000 万元。2011 年 6 月公司进行了 B 轮融资，管理团队制订了 2011 年销售额突破 1.5 亿元的目标。扩充品类、加大推广预算、建设新的物流基地是接下来团队要解决的重要任务。

高成宇是公司第一批空降高管，3 年多的超市采购经理的经历使他成为这家电子商务企业的一名类目采购总监，他的任务是开拓男鞋新类目。公司对这个类目寄予厚望，并提出了年底冲 2 000 万元的销售目标。

产品策划会开了很多次，高成宇发现，这件任务比他想象的复杂得多。电子商务与传统的零售存在巨大的区别，现在有几项重要工作等着他去做。

（1）市场定位梳理。

（2）商品结构确定。

（3）鞋类供应链建设。

（4）销售预测及采购计划。

3.1　商品规划及管理的工作流程

电子商务的本质是商品零售，信息化只是手段，互联网只是渠道。而商品零售的核心是商品、品牌和供应链，那么商品管理工作就是核心。但是目前很大部分的电子商务企业，并没有正确的商品管理理念和商品管理知识，这也是从 2011 年开始，很多电子商务企业走进寒冬的原因。

1. 市场定位

就是要明确目标顾客群，包括年龄、性别、教育水平、收入状况、购物习惯、消费价值取向等，要设计出商品来满足顾客某一方面的消费需求，以此设定店铺形象、商品品类、商品展示、价位区间、促销策略等。

2. 品类管理

品类管理是从日常零售运作中提炼出来较为科学、系统及精细化的终端零售（包括网上零售）管理方法。商品品类管理的核心是高效消费者回应。可简单地理解为，商品品类管理实施需要一个以消费者需求为基础、以数据分析为方法、具有快速反应能力的系统支撑。品类管理旨在终端以消费者为中心，充分利用数据分析进行更好的决策，创造消费者价值最大化的产品和服务。

（1）解读品类和品类管理。

国际知名的调查公司 AC 尼尔森公司对品类作出的定义为：确定什么产品组成小组和类别，与消费者的感知有关，应基于对消费者需求驱动和购买行为的理解。而著名营销大师菲利普·科特勒理解为：一组独特的、易于管理的产品或服务，在满足客户需求方面被客户认为是相互联系的或可替代的。

欧洲商品快速响应推动委员会对于品类管理的定义在国际上具有较大的影响力。他们认为品类管理是零售商与生产商将品类视为一个策略经营单位，以提升消费者的价值为焦点，共同管理品类的过程。其重点在于零售商和供应商“共同合作”来提升消费者的价值。

综合学术界和企业界对品类及品类管理的定义，因出发点不同而稍有差别，但有以下几个主要方面是共同的。

第一，品类管理的目的是通过满足消费者的需求来取得更好的商业效益。品类管理应该以消费者为中心，要始终不停地了解和研究消费者，在要求更快速反应的电子商务零售领域尤为突出。

第二，品类管理的方法是将品类纳入整体战略业务，将其精细化，使之成为战略业务单位来管理。由于品类中的商品在构成连带性上是相互联系的，其中有关任何一项商品的决策必定影响同品类中的其他商品。因此，在制订品类管理策略的时候不能仅考虑单个商品，应当全面考虑品类类别的水平、标准及销售目标。

第三，数据工具是品类管理的分析基础。品类管理需要以数据分析为支撑，这一点在电子商务领域相对较容易实现。

第四，品类管理的最终结果是使商家能够获得良好的商业效果。

（2）品类管理的流程。

品类管理通常包含以下 8 个步骤，即品类定义、品类角色、品类评估、品类评分、品类策略、品类战术、品类实施和品类回顾，详见表 3–1。

表 3–1　品类管理的 8 个步骤

步　骤	名　称	内　　容
1	品类定义	品类定义是品类管理的基础，也是品类管理所要研究的对象，具体指品类结构的次品类、大分类、小分类等。品类定义直接影响决策结果，最终影响消费者的满意度
2	品类角色	品类角色是向品类投入资源的指标。因商店种类、营业场所、人员配置、资金供应等条件的限制，不能为所有品类提供同等规格的支持力度，所以不同品类必须有不同支持策略,品类角色就是衡量各类资源投放量的指标。通常品类分为目标性、季节性 / 偶然性、常规性和便利性 4 种角色
3	品类评估	品类评估是对品类的现状进行检查和评价，也是对品类机会的挖掘，能帮助企业认识品类的优点和不足，从而更有针对性地制定品类策略。品类评估不能局限于销量、利润等硬性指标，必须考虑市场、品类发展趋势及零售品类相对于市场和竞争对手的表现、库存天数、脱销、单位产出、人力投入等因素
4	品类评分	品类评分是衡量品类管理有效性与跟踪品类执行情况的重要工具。根据零售商的不同制定不同的评分指标，常用的参考指标有销售额、利润增长率等，如果当前客流量较低，那么渗透率便成为有用的参考指标。总体来说，评分指标不能太多，如果太多反而不能得出关键的要素
5	品类策略	品类策略是零售商为达到目标采取的具体方式和方法。由于不同的零售商所处的零售市场、零售方向、营销客户、零售条件等因素不同，导致品类策略具有一定的差异。常用的品类策略有增加客流、提高客单价、提高利润率、提高商店（品牌）形象等

续表

步骤	名称	内容
6	品类战术	品类战术是指为实施已制定的策略而采取的具体操作方法。合理的做法是从策略中导出商品的选择、促销、陈列、定价等具体内容。如果仅凭个人经验来决定品类战术，可能不能实现增加产品形象和优化产品组合的目的
7	品类实施	品类实施是8个步骤中具体实施的一步，不论多么完美的品类管理计划，如果没有良好的实施，最终都不能体现品类的优点和效率，反而会使顾客对商品失去兴趣，使管理层对品类管理失去耐心
8	品类回顾	品类回顾是对本次品类管理的总结和评估，也为下一步品类管理提供可供参考的依据和指标

3. 商品规划与管理步骤

商品品类管理是商品规划的重要组成部分，而常见的商品规划和管理阶段主要分为如图3-1所示的5个步骤。

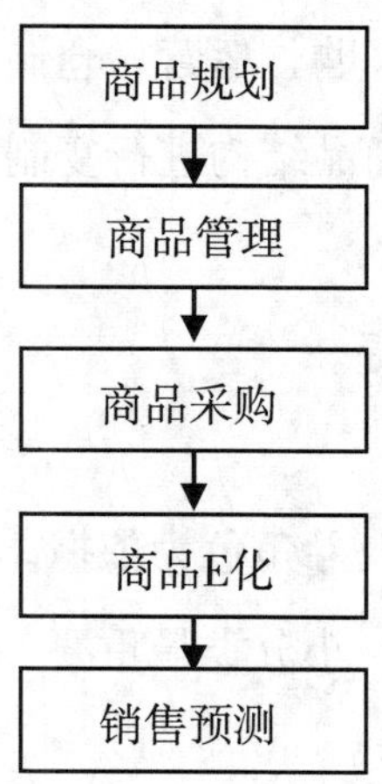

图3-1 线上零售商品规划与管理流程

（1）商品规划。

商品规划的原则是在适当的时间和适当的地点，以适当的方式，按照适当的价格，提供适当数量和适当质量的适当的货物。

商品规划的本质就是商品的选择，也就是销售商品的范围。建立一套合理的商品规划，包括风格、品类、数量和价格体系对品牌来说是非常重要的一个环节。

线下成熟的品牌和一些专业的网络品牌对商品的规划都非常重视，但两者有着非常大的区别。商品的规划通常包括广度和宽度两个方面。因为获取用户的方式和商品表现形式的不同，网络品牌的产品规划相对于线下品牌来说，具有更大的灵活度。有企业采用大量新款是典型的以广度取胜，有些企业则每月就那么几款新品，是典型的以深度取胜。而比较合理的做法是深度与广度相结合，常见的做法是保证部分有深度的产品，具有价格优势和产品优势的主打风格，同时又通过一定的广度来留住更多的用户或创造更高的利润，并在这之间取得一种平衡。

商品规划的目的如下。

① 使分析成为可能：按类核定不同的数据指标。

② 使控制成为可能：按类进行进出的控制。

③ 使调整成为可能：按类分层逐级追踪评估。

④ 使预算成为可能：按类进行目标设定。

⑤ 使考核成为可能：按类对采购、运营、仓储部门进行考核。

⑥ 使发展成为可能：按类对商品结构进行复制。

商品规划的原则如下。

① 以可陈列空间或面积为前提。

② 以商品的属性为基础。

③ 以消费客层、商品定位、商品角色为依据。

④ 以大、中、小类为架构，中小分类最重要。

⑤以高、中、低档为层次。

商品规划的方法如下。

① 如何确定商品。

市场调研：通过调查走访市场、顾客、供应商获得数据。

学习借鉴：向同行中的优胜者学习借鉴。

② 商品结构的要素。商品的级数、每级的分类数、每类的单品数，这些要素决定着商品规划的广度和深度，商品广度是指商品的丰富性，分类的多少。商品深度是指同类商品中具有的选择性。

③ 商品价格带。指一个小分类中单品的高、中、低档的价格分布。

商品规划如表 3-2 所示。

表 3-2 葡萄酒产品规划

<table>
<tr><th>大类（两位）</th><th>中类（一位）</th><th>小类(一位)</th><th>价格带</th><th>产品的定义及说明</th><th>产品的属性</th><th>品类角色</th></tr>
<tr><td rowspan="4">01 葡萄酒</td><td rowspan="4">1 红葡萄酒</td><td>01 干红葡萄酒</td><td>高：300 元以上
建议 SKU:40
中 :70~300 元
建议 SKU:500
低：30~70 元
建议 SKU:80</td><td rowspan="4">红葡萄酒是以新鲜黑红葡萄榨汁发酵而成</td><td>单宁含量较丰富，含糖量低于 4g/L</td><td>目标性</td></tr>
<tr><td>02 半干红葡萄酒</td><td>高：250 元以上
建议 SKU:5
中 :70~250 元
建议 SKU:20
低：30~70 元
建议 SKU:10</td><td>单宁含量较丰富，含糖量 4~12g/L</td><td>常规性</td></tr>
<tr><td>03 半甜红葡萄酒</td><td>高：250 元以上
建议 SKU:5
中 :70~250 元
建议 SKU:20
低：30~70 元
建议 SKU:10</td><td>单宁含量较丰富，含糖量 12~45g/L</td><td>常规性</td></tr>
<tr><td>04 甜红葡萄酒</td><td>高：250 元以上
建议 SKU:5
中 :70~250 元
建议 SKU:20
低：30~70 元
建议 SKU:10</td><td>单宁含量较丰富，含糖量 45g/L 以上</td><td>常规性</td></tr>
</table>

下面介绍一下 SKU(stock keeping unit)。SKU 为保存库存控制的最小可用单位。对一种商品而言，当其品牌、型号、配置、等级、花色、包装容量、单位、生产日期、保质期、用途、价格、产地等属性与其他商品存在不同时，可称为一个单品。通常，将一个单品定义为一个 SKU。

（2）商品管理。

这里所述的商品管理不涉及仓储和物流部分，主要指在商品销售前的管理工作，包括商品结构管理、商品采购、商品展示、商品文案策划等。

① 商品结构管理。

a. **商品类的取舍：**以满足目标顾客的需求为出发点。

b. **同类中的单品数量：**提供有限选择。

单品太多：占库存，占人工，难发现，管理成本高。

单品太少：顾客无选择，购买意愿降低。

c. **类的配合：**连带关系，功能延续，促进销售。

- 相近功能的分类排在一起。
- 一个小分类满足一种需求。
- 一个单品满足一种选择。

d. **商品要涵盖顾客的实际需求：**注意规格、品牌和档次。

- 将商品归类于正确的小分类：以顾客主要的需求为优先。
- 根据销售占比规划各大中小类的单品配比，设定合理的单品数量。

② 如何选择商品。

a. 满足目标顾客的需求，贴近主流消费能力。

b. 考虑网络购物市场的“三高二低”商品原则，“三高”指高毛利、高价值、高黏性，“二低”指物流成本低、退货率低。

c. 按商品的组织结构，通过市场调研确定经营的商品和品项。

d. 确保商品品质并具最优性价比。

e. 用80/20法则来配比产品线。

（3）商品采购。

商品采购是指企业为实现企业销售目标，在充分了解市场要求的前提下，根据企业的经营能力，运用适当的采购策略和方法，通过等价交换，取得适销对路的商品的经济活动过程。它包括两方面的内容，一方面，采购人员必须主动对用户需求做出反应；另一方面，还要保持与供应商之间的互利关系。采购是一个商业性质的有机体为维持正常运转而寻求从体外摄入的过程，分为战略采购和日常采购两部分。

① 采购流程。

在采购渠道上，每个企业都有各自的特点，所以商品采购渠道也不一定完全相同。电子商务企业的一般采购流程如图 3-2 所示。

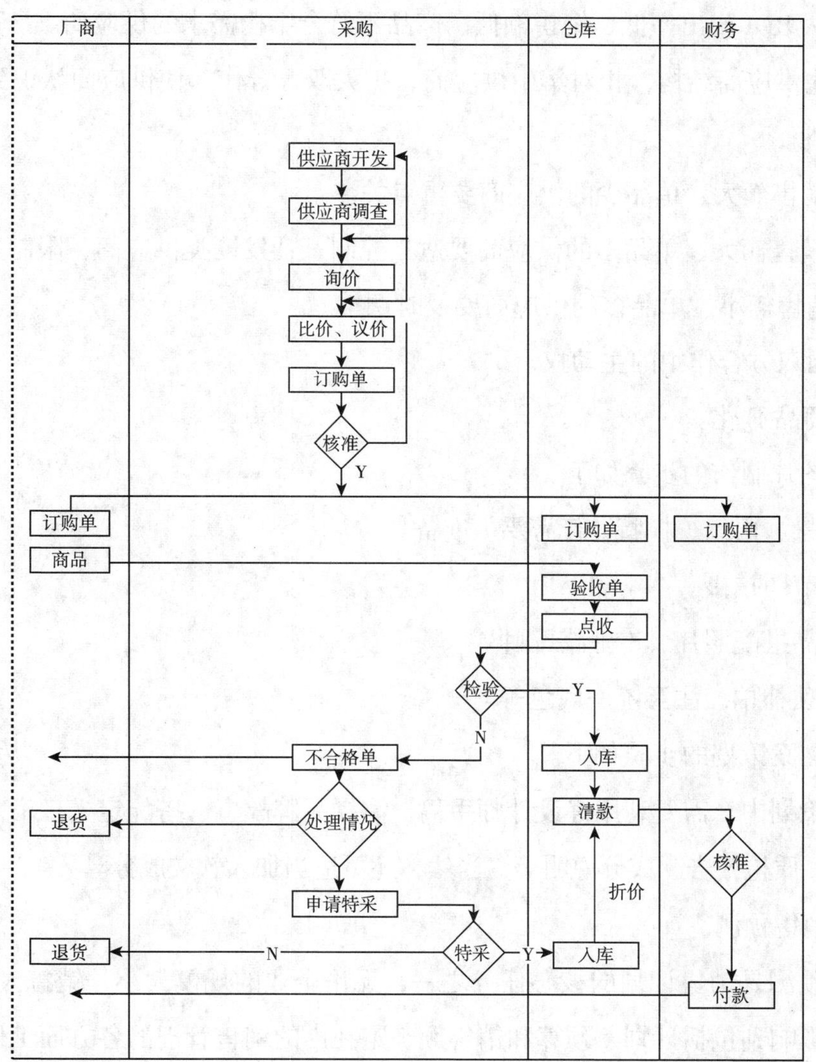

图 3-2　电子商务企业的采购流程

② 供应商管理。

a. 依据选择的商品，通过市场调研寻求可以合作的供应商。

b. 供应商选择的顺序为：制造商→代理商→批发商→商贸公司。

c. 同类商品供应商要综合考虑：商品品质、供货价格、供货能力及合同条件等。

d. 增加能提供商品结构表内所需商品的供应商。

e. 淘汰 ROI 产出率低、销售额低、产品不符合结构需求的供应商。

f. 优化供应商结构，相对集中供应商，扩大双方合作，使供应商认识到合作对双方的重要性。

g. 对销售额大、单品少的供应商要重点关注。

h. 对销售额大、单品多的供应商要适当控制，开发同类供应商，限制其垄断。

i. 对销售额小、单品多的供应商要及时调整。

j. 掌握双方合作中的主动权。

（4）商品 E 化。

商品图片制作的步骤如下。

① 外景、内景、模特（若需要）准备。

② 细节图拍摄。

③ 商品搭配照片，专业搭配师。

④ 单独补拍，注意统一底色等。

产品文案策划的步骤如下。

文案策划中，需要利用好设计师手稿、演绎品牌故事、搭配定义、工艺细节、产品细节图、质检报告、成分说明等，当然，还可适当加入软文成分。

（5）销售预测。

销售预测是销售计划的核心任务之一，无论企业的规模大小、销售人员的多少，销售预测影响到包括计划、预算和销售额确定在内的销售管理的各方面工作。销售预测是指对未来特定时间内，全部产品或特定产品的销售数量与销售金额的估计。销售预测是在充分考虑未来各种影响因素的基础上，结合本企业的销售实绩，通过一定的分析方法提出切实可行的销售目标。

电子商务行业计算销售额的公式如下。

销售额 = 流量 × 转化率 × 客单价

这是对内的销售预测工具，对于转化率、客单价相对恒定的店铺来说，流量的大小就是决定销售额的关键元素。通过对引流进行控制，就可以实现计划的销售目标。

一般来说，在进行销售预测时要考虑以下外部因素。

① 需求动向。需求是外界因素之中最重要的一项，如流行趋势、爱好变化、生活形态变化、人口流动等，均可成为产品（或服务）需求的质与量方面的影响因素，因此，必须加以分析与预测。

② 经济变动。销售收入深受经济变动的影响，经济因素是影响商品销售的重要因素，为了提高销售预测的准确性，应特别关注商品市场中的供应和需求情况。

③ 同业竞争动向。销售额的高低深受同业竞争者的影响，古人云，“知己知彼，百战不殆。”为了生存，必须掌握对手在市场的所有活动。例如，竞争对手的目标市场在哪里、产品价格的高低、促销与服务措施等。

常用的销售预测辅助工具有以下几种。

① 数据魔方（淘宝）。数据魔方可针对店铺所属类目产品销量进行流行元素的分析，以及流行元素的销售增长趋势，如流行色、流行款等。还可通过数据魔方看到所属类目商品的销售产品统计，以及产品结构销售变化趋势。

② 量子恒道（淘宝）。量子恒道中有热卖飙升榜、销量榜、关注榜等行业数据。可以统计出近期店铺所在类目商品销量、飙升及关注度最高的商品。在制订采购计划时，对这些产品的分析，也是非常关键的考虑因素。

3.2 相关工作岗位及考核办法

在商品规划及管理工作中，由于各个公司发展阶段不同，一般会有不一样的岗位设置。新创公司常见的情况就是一岗位身兼多职；越成熟的公司，岗位细分越明显，因此，专业要求更加突出。通用的工作要求如：工作认真细心，责任心强，有条理，善于计划与执行，注重团队协作；良好的沟通、表达甚至谈判能力等。

常见的有如下岗位及考核办法。

1. 商品总监

岗位职责：

（1）根据年度销售目标组织新品订单及订单管理，跟进货期，保证产品交期。

（2）制订商品资源投入与供应计划，监控产品存销进度，保证合理库存。

（3）统计销售数据，进行细分商品销售分析，为市场制定销售政策提供商品数据支持。

2. 商品设计师

岗位职责：

（1）负责商品网站展示图片处理，搭配文案，并将其表现得淋漓尽致。

（2）负责新品设计、打样，和相应供应商沟通，把握设计款品质。

（3）根据销售结果，和顾客、客服反馈，优化老产品场景图、表现等。

（4）关注市场潮流，更新现有产品的设计模板。

3. 商品计划

岗位职责：

（1）商品销售分析、市场竞争分析，并按期给出新品开发建议。

（2）商品生产下单，并跟进生产进程，保证商品按时按量入仓。

（3）根据各销售平台的数据需求，绘制商品运营数据表单/数据包，供各平台使用。

4. 商品买手

岗位职责：

（1）拟定所负责产品的年度需求计划，并跟进开发进度。

（2）有一定时尚审美眼光及对潮流的敏锐度，能够判断市场流行及需求趋势。

（3）与各供应商保持积极联系，并建立良好的关系。

（4）能够分析控制货品结构及价格，了解面辅料工艺及成分，了解产品结构成本构成、工艺制作。

（5）制订产品上市计划与波段，合理分配定期上架新品。

（6）根据市场信息反馈和流行趋势，负责品牌各主题及不同风格的产品采购。

（7）收集和整合行业内的原材料资源及分析竞争对手的产品资源，挖掘新的产品需求。

（8）整合产品工艺资料、产品卖点及生产供应情况，为产品上市做准备。

（9）协助配合推广部门制订新品上市指导方案，并跟进活动效果，提出相关改进建议。

（10）组织和协调新产品评审和试销工作，提供产品试销和评审报告。

5. 商品拍摄

岗位职责：

（1）对新款提出服装搭配建议并制订好拍摄计划。

（2）协同设计师和摄影团队完成商品的拍摄。

3.3 相关专业术语解读

商品描述（Article Description）：或称为“品名”，应具备“品牌”、“商品名称”、“规格及包装方式”及“销售的包装数量”。商品描述应与实际销售的包装上所印刷的品名一致，避免使用供应商报价单所注明的内部习惯名称，毕竟商品描述主要是给顾客及公司员工看的。

网货：通常是指以网络零售平台作为主营销渠道的时尚流行商品。由于网络零售渠道的先进性，一模一样的两件商品，“网货”往往比“线下货”要便宜很多。另外，由于网络营销渠道的低成本性，网货新兴品牌的商品性价比远远高于传统品牌。毫无疑问，网货帮助中国制造业降低了迎接品牌创新时代的门槛，也缩短了时间。

自有品牌：简称 PB，又称商店品牌，是指零售企业从设计、原料、生产到经销全程控制的产品，由零售企业指定的供应商生产，贴有零售企业品牌，在自己的卖场进行销售，实质上是零售业的OEM产品。特点是自产自销商品，省去许多中间环节，使用自有品牌的商品可以少支付广告费，进行大批量生产、销售，可以取得规模效益，降低商品的销售成本。

爆款：是指在商品销售中，供不应求，销售量很高的商品，即通常所说的卖得很多、人气很高的商品。目前广泛应用于网店、实物店铺。爆款有如下3个关键点。

（1）流量是根本要素。无论使用任何推广，都是为了吸引更多流量，从而有效地转化为成交量。其中淘宝搜索是大头，搜索中的热卖排行占据了超过三成的流量，一旦进入热卖排行，势必会引来巨大的流量，而这些流量的分布都与商品好坏有关。买的人多自然是好的商品，这是消费者的一个基本的判断逻辑。

（2）抓住消费者的从众心理。相信很多人都会选择一些人气很旺，很多人买过且评价不错的商品，就像人们吃饭也喜欢到一些人多的饭店而不是那种门可罗雀的小餐馆一样。所以，只要抓住消费者的这种从众心理，着重推广人气产品，这会让消费者有一种延续性的从众判断，甚至还没有看到实物的时候也会下意识地认为这是一件不错的商品。

（3）商品自身质量有保证。商品本身才是销售活动的主题，要有好的商品，才会提高性价比，吸引更多的顾客，从而打造爆款。

在抓住了这3个关键点之后，店铺的主推商品才会瞬间引发一系列连锁的销售反应，使此商品以一种几何级的销售速度增长，从而实现爆款。

买手：原本是指时尚潮流最前沿的一种职业，起源于20世纪60年代的欧洲。按照国际上通行的说法，买手指的是往返于世界各地，时时关注最新的流行信息，掌握一定的流行趋势，追求完美时尚并且手中掌握着大批量订单，他们普遍是以服装、鞋帽、珠宝等基本货物不停与供应商进行交易，组织商品进入市场，满足消费者不同需求的人。他们必须站在时尚潮流的最前端，了解行业规范，适时地在其中赚取一定的利润。而在中国，近似于买手的职位是跟单及采购，但是这两种职业仅仅是在做买手工作的一小部分而已。在电子商务领域，买手广泛存在于各个行业。

3.4 案例分析

男士休闲服饰 B2C 网站 GOSHOP 管理团队决定拓展男鞋类目，类目的规划重担压在了类目总监高成宇身上。

高成宇和他的团队首先对公司的目标客户群体进行了分析。

（1）目标客户主流顾客是 22~35 岁的白领阶层。

（2）70% 更在意性价比，20% 讲究个性，10% 追求品牌价值。

（3）65% 的客户来自二、三线城市，10% 来自一线城市，25% 来自四线城市。

（4）购物平均客单价 200~300 元。

通过客户分析，团队得出产品应该具备的特征如下。

（1）性价比高。

（2）品牌无需大牌，公司自创品牌也能接受。

（3）体现休闲、自由的生活方式。

（4）主体价格在 280 元左右，最高不超过 400 元。

在顾客定位分析的基础上，在参考了"好乐买"、"乐淘网"、"优购网"、"京东商城"的类目设计，高成宇的团队确定了如下类目结构。

（1）休闲商务：

10~12 个品牌，库存量共 600SKU。

（2）休闲户外：

6~8 个品牌，库存量共 300SKU。

（3）休闲运动：

5~6 个品牌，库存量共 200SKU。

接下来是供应商的选择，确定了品牌商分销和贴牌定制并行的策略，前期以品牌分销为主，慢慢过渡到以贴牌定制为主。对供货商的选择依据如下原则。

（1）品牌选择二、三线品牌。

（2）首选制造商，其次考虑代理商。

（3）产品质量、供货价格、供货能力应综合考虑。

（4）有电子商务供货经验。

（5）品牌分销毛利率不低于 35%，贴牌产品毛利率不低于 50%。

经过 70 天的忙碌，高成宇制订了首批采购计划，这次采购为试销性质，款式多，数量少。在试销期通过市场反应，再进行品类调整。

采购计划已经提交运营中心审核，尚未批复。高成宇知道，这才是万里长征的第一步，后面还有更多的难题在等待他的团队去解决。

第4章 渠道规划及管理

虽然传统企业经营的经验在电子商务市场中仍能发挥重要作用，但面对互联网打开的市场，有诸多细节需要重新梳理，如解决销售渠道重建、进货渠道调整等一系列问题。

本章学习目标

知识目标

☐认识渠道的本质
☐淘宝开店的基本策略
☐主流第三方 B2C 平台开店的基本常识
☐独立 B2C 开店的基本流程
☐分销的基本流程

技能要点

☐可以针对不同企业的业务模式制订开店方案
☐可以进行不同网络销售模式的日常操作
☐可以针对不同企业的发展阶段配置销售、进货渠道相关岗位

场　景

杭州亿超电子商务有限公司是一家总部坐落在杭州江干区东方电子商务园，通过网上电子商务平台与眼镜实体店相结合的创新型眼镜零售企业。公司主营镜架、镜片、隐形眼镜、太阳镜、(近视)游泳镜、电脑护目镜、3D眼镜、老花镜等产品的零售和批发。

亿超眼镜通过采用网络和实体体验店相结合的创新模式，大幅降低流通运营成本，依靠其“客户第一”的核心理念和“将心比心、做善良企业”的朴实服务理念，在线上、线下形成良性互动，成为中国眼镜行业十大影响品牌之一。公司拥有亿超、品秀、37度、盈恋等多个网络知名品牌。

公司成立于2005年，在公司决定从事电子商务之初，关于渠道的难题一直困扰着运营团队。

(1)是做独立的B2C网站，还是依托淘宝网、京东商城等第三方平台?

(2)是自营自销还是走分销路线?

(3)是做一个品牌渠道商还是进行自有品牌的经营?

4.1　渠道规划及管理的核心内容

1. 渠道的意义

渠道指的是产品从制造商手中传递到消费者手中所经历的通道，在这个通道中所发生的商品的传递过程也就是所谓的商品分销过程。

(1)渠道的价值。

① 产品展示。将集中大批量生产的产品展示在分散的各地消费者面前是一项烦琐而艰巨的任务，在传统商业中，生产厂商将这个任务交给渠道商来完成。

② 产品运输。生产商无法在每一个销售地设厂，因此，产品必须依靠运输，从生产地到达销售地。运输，需要考虑运输成本，商品的运输有一个“交易次数最小化”原则。也就是说，工厂交易的次数越少，运输成本也越小。如果工厂亲自一个一个地给消费者发货的话，它的运输成本将非常巨大。因此，生产商通过渠道把货发给代理商、批发商时，相对的成本就大大降低了。

③ 库存的分散。在现实中，产品生产的时间与消费的时间并不一致，要解决这个问题，就要靠库存，也就是等消费者需要的时候再拿出来。工厂如果进行直接销售，由于直接面对消费者，那么工厂就要保持大量库存来保证消费者的随时需要。这对工厂来说，是一个巨大的负担，因此，工厂都采取分散储存原则，即把货物转移到渠道的分销商、批发商那里，这样，既减少了库存，又提高了资金周转率。

（2）网络渠道带来的变化。

① 产品展示的虚拟化、网络化。网络实现了产品展示的虚拟化，只需要展示产品目录、图片或视频，而不必再去做繁杂的实物展示，这节省了大量的人力、物力，也节省了大量的实际空间。制造商等于突破了原有的时间与空间限制，把自己的商品直接摆在消费者的眼前。这让制造商在产品展示给消费者环节摆脱了对传统渠道商的依赖。

② 运输成本上升。目前，网络渠道对产品的运输有两种方式，一种是通过第三方物流进行快递，另一种是自建物流体系进行配送。快递是直接从工厂仓库进行零售发货，寄送成本很高。而对用户来说，他们还需要长时间等待。自建物流体系，也就是说，企业需要大批量地把货物发到各个地区市场的物流中心，当消费者在网络下单时，直接从最近的仓库进行配送。这么做，用户等待的时间要比快递发货短。但自建物流体系，企业要投入大量资金，很可能已超出厂商原有的核心能力的范围。

③ 库存风险加大。传统渠道能够通过分散储存降低工厂的总库存量，帮助工厂加速物流及资金流周转，降低市场风险。而当工厂自建网络渠道时，工厂自己的库存能力需要提高，运营风险明显加大了。这个时候，工厂就需要依靠高效的内部信息系统、客户关系管理系统，以及高效的供应链系统，通过对需求信息和市场变化

的及时掌控，来制订灵活的生产计划，把库存控制在一个合理的水平上，并加快物流、现金流的周转，降低运营风险。

2. 渠道的规划

（1）当前电子商务渠道的选择。

① 电子商务直营渠道。电子商务直营渠道的典型代表是淘宝网、天猫商城、拍拍网、QQ 商城、乐酷天商城，特点是依托第三方电子商务平台，商家自由组织营销、运营和售后工作。其中，淘宝网 2010 年占据了电子商务直营渠道 79% 的市场份额（引自波士顿咨询《2011 中国电子商务报告》），那么，在电子商务直营渠道这块，重点就是淘宝集市、天猫商城了。

另外一类比较典型的电子商务直营渠道就是独立 B2C 网站。但由于独立 B2C 网站复杂程度很高、投资规模大、运营难度很大，需要具备非常强的运营团队和强大的供应链及资金支持才可以尝试。

电子商务直营渠道需要产品好、团队强、资本足，风险与机会同在。

② 电子商务分销渠道。广义的电子商务分销包括 B2C 分销和淘宝分销。B2C 分销可以简单理解为给 B2C 平台直接供货，随着电子商务的高速发展，B2C 网站之间的竞争从某种意义上说是货品的竞争。目前京东商城、当当网、卓越亚马逊都在开放分销业务，随着 B2C 平台规模不断扩大，B2C 分销销售的规模会很可观。

因为淘宝网在电子商务领域占据非常大的份额，淘宝分销平台依托巨大的淘宝卖家群体，具有不可小视的能量。

电子商务分销需要有一定的品牌支撑，需要一定规模的库存承载力和现金流支撑。几乎所有的 B2C 渠道都会有账期，普遍在 15~45 天。而目前 B2C 都有不小的销售规模，所以对现金流和库存量的要求都比较高。而且大宗交易的配送压力也比较大，依靠第三方物流的配送还是存在一些不确定性。

③ 电子商务团购渠道。

从 2010 年开始，团购成为近两年最火的电子商务新模式，在销售规模和未来市场上必将占有一定比重。网络团购主要指美团网、拉手网、聚划算等团购网站，团购网站的特点是单品销量巨大。

电子商务团购渠道的核心是价格竞争力，与团购站的合作一般是低毛利或者零毛利，电子商务团购对于清理库存、推广品牌和锻炼队伍有着比较大的作用，因为团购能够在短时间内提升销售量级，对锻炼队伍和提升知名度有非常大的帮助。

（2）如何选择电子商务渠道。

不同类型的商家，对于电子商务渠道的诉求是不同的。对于生产商来说，网络渠道的意义是销量。对于经销商来说，网络渠道的意义是销量和利润。对于品牌商来说，网络渠道的意义是品牌推广和分销体系。

① 生产商。

生产商（这里指的是有自有品牌的生产商）由于核心竞争力是产品生产力和设计力，在选择渠道的时候，应尽量地降低渠道的管理和运营难度，在现金流充足的情况下，应采用 B2C 分销为主、淘宝分销为辅的渠道组合。

B2C 分销渠道对于仓储和团队的要求不是太高，对于熟悉传统线下渠道的生产商来说，运营 B2C 分销渠道更是熟门熟路，能够快速上手，而且大货进出，账期结算的方式也比较适合生产实力比较强的企业。在 B2C 分销渠道中，首选两类渠道，一类是规模最大的 B2C，比如京东、当当、卓越；另一类是垂直类目做的最好的，比如服装选 V+，女装百货选麦网等。

在 B2C 分销运营比较流畅以后，可以逐步加入淘宝分销平台，依托淘宝庞大的卖家群体，展开淘宝分销策略，但由于淘宝分销需要企业自己进行产品拍照、图片处理、描述编写、发货等工作，所以对团队的构架有了一些电子商务直营的配备，如果做好了淘宝分销，就可以逐步涉足电子商务直营渠道。

② 经销商。

经销商的核心是手里有一些品牌的授权，这些品牌在线下的表现大多不错，也有比较好的品牌背书和消费者基础。但是经销商遇到最大的问题是品牌商对于授权和价格的管控，所以经销商分销策略取决于品牌商的分销策略。经销商应该构架以

B2C 分销渠道、淘宝旗舰店为主的渠道。

知名品牌经销商只要能够获得品牌商在 B2C 渠道的授权，B2C 分销销量是非常可观的。

其次是争取天猫商城旗舰店的授权，随着天猫商城的壮大，必将扶持一大批品牌商，旗舰店是天猫商城重点对象，运营得当，销量也会非常惊人。

③ 品牌商。

品牌商在电子商务分销渠道的建设上最具有主动权，当然风险也最大，由于传统品牌商一时无法很好地解决线上线下的渠道冲突，品牌商运营副牌或新网络品牌不失为一种折中的选择。

品牌商首先把握的是制高点，所以建议以大型 B2C 分销、淘宝旗舰店、独立官方网站的组合方式呈现。

4.2 相关工作岗位及考核办法

1. 渠道拓展

岗位职责：

（1）开拓客户的能力（跟客户谈判争取最优惠合作条件的能力，说服有实力的客户平台合作或者加盟的能力，开拓网店数量的能力）。

（2）服务客户的能力（处理合作过程中出现的问题，包括合作流程问题，物流配合问题，及时解决客户提出的问题，服务态度问题以维系大家的良好合作关系）。

（3）推动销售的能力（提供正确的销售思路；推动客户主推的能力；争取好的平台推广位置的能力，比如通过有限的折扣优惠、人情、供货优惠争取等；提高客户的销售能力；配合客户销售活动的能力）。

（4）制订方案推动销售的能力，渠道促销方案需要兼顾效果（促销的力度）、公司成本、代理商的利润（决定代理商参与度的高低）。

2. 数据分析专员

岗位职责：

（1）负责业务数据收集整理，对多种数据源的进行深度诊断性组合分析、挖掘、深度分析和建模。

（2）撰写数据分析报告，为公司运营决策、产品方向、销售策略提供数据支持。

（3）分析用户访问行为、购买行为、情感分析、消费心理及影响产品用户体验的因素。

（4）统计分析相关数据，找出并改进网络营销及销售中的不足，提出改进建议。

（5）负责店铺分析工具的部署和优化。

（6）结合市场投放媒体及广告位设计的广告分析相关数据。

（7）了解产品上下架及促销情况，了解供应链整体情况，包括订货周期、到货情况等。

（8）收集相关的需求数据，了解竞品动态与行业情况。

4.3 相关专业术语解读

常见 B2C 分类如下。

1. 从网站盈利模式区分

第一类是渠道商，盈利主要来源于销售产品的差价，如京东、当当、1 号店等。渠道商一般没有自主品牌，依赖上游供货商，需通过外部采购产品来销售。第二类是品牌商，如凡客诚品、佐卡伊、绿盒子等，营利不单来自销售环节，还涉及产品设计、开发、生产等产业链上游。第三类是平台商，网站经营者并非卖家，盈利则是通过服务好卖家获得的，通常被称为第三方 B2C 交易平台，此类交易平台经营模式与线下实体商场最为接近。如天猫，它的收入主要来自固定的服务年费，卖家销售的产品类别和业绩挂钩的提成，还有各类营销、广告收入等。

2. 从经营者主体区分

这里所指的网上店铺经营者是指除第三方 B2C 交易平台外的经营者，主要包括企业官网网店、第三方平台官方旗舰店、第三方网络经销商等。以国内运动品牌李宁为例，有至少三类不同类型的网店：李宁官方商城（www.e-lining.com），第三方 B2C 平台（天猫）李宁官方旗舰店（lining.tmall.com），第三方网络经销商力动体育用品专营店（lidong.tmall.com）等。一般情况下，官方商城仅有一个，且有独立域名，在任何第三方网购平台上的官方旗舰店也仅只有一个，而第三方网络经销商的数量是不确定的。

3. 从经营的范围分

这里所说的经营范围主要是指纯网上经营和网上、网下同时经营两大类。由于网上经营和网下经营方式在产品定价、仓储管理、营销管理、用人安排等多个方面存在巨大差异。因此，不同的网店经营者会根据自己的实际情况选择最为合适的经营方式。以表现最为明显的服装鞋帽行业为例，凡客诚品这个品牌自诞生之日起从未在线下门店出现过，所有的销售全部在网上完成；而类似李宁、美特斯邦威等品牌由于受传统业务的影响，线上、线下交易同时进行。一般情况下，传统品牌很难能实现纯网上经营，而对于新品牌要实现纯网上经营则相对容易控制。

4. 从产品类别分

不同的网店或同一网店在不同阶段会有不同的商品品类策略，目前形成规模经营的网店主要集中在日用百货、家电、服装等领域。如目前的当当网、京东商城均属于日用百货类。当当网在 1999 年成立时主要以经营图书业务为主；而京东商城在 2004 年上线时则主营 3C 类产品。

独立 B2C 网店：独立 B2C 是相对于天猫等第三方 B2C 而言的，简单地说就是某企业拥有独立域名、独立空间开设的网上商店，早期的当当网、卓越网均属于此类。但随着网站的发展完全可能会转型成平台型或介于独立与平台型的中间状态。

独立网店系统：独立网店就像现实生活中的品牌专卖店一样，整个网站可以个性化设计，一般都有独立的店标、品牌、企业形象。同时，完全拥有注册用户的详细资料，可以针对它们做各种营销活动。为独立网店架设而专门开发的网店系统通常称为独立网店系统。

4.4 基于第三方平台的做法

1. 认识第三方 B2C 网站

前面已经对常见的 B2C 做过分类，无论是品牌商还是渠道商，特别是新上路的网络零售企业，采用第三方 B2C 网站来做网络零售的主要原因有以下几点。

（1）根据艾瑞等第三方机构的统计，2011 年第二季度，仅天猫一家，就占据国内 B2C 市场 48.5% 的市场份额，为第二名到第十名之和的近两倍。

（2）厂商入驻第三方 B2C 网站，一般都有成本。这些平台会将其中一部分用于推广商城，从而可以降低各厂商的部分营销成本。

（3）第三方 B2C 网站已经为网上交易准备了部分配套服务，品牌商或渠道商进入门槛和成本相对较低。

（4）部分厂商利用第三方 B2C 网站预售新产品，直接从市场上获得消费者的调研数据，从而为大批量生产提前奠定基础。

另外，第三方 B2C 网站的店铺普遍比个人 C 店铺要大气和专业，会提升消费者信任指数。如天猫平台，利用淘宝网的流量，产生比较稳定的访客。因此在 2011 年 9 月，天猫对所有零售形态逐步全面开放，重构新的 B2C 生态系统。天猫已经与凡客诚品、1 号店、银泰网、新蛋、红孩子、库巴网，以及获腾讯投资的易讯及好乐买等在内的 38 家国内知名零售网站达成战略合作协议。

2. 国内常见的第三方 B2C 网站

（1）天猫（www.tmall.com）。天猫目前是亚洲最大网上购物网站之一——淘宝网打造的在线 B2C 购物平台。自 2008 年 4 月 10 日建立以来，众多品牌包括 Kappa、Levis、Esprit、JackJones、乐扣、苏泊尔、联想、惠普、迪士尼、优衣库等在天猫开设的官方旗舰店，受到了消费者的热烈欢迎。迄今为止，已经拥有 4 亿多买家，40 000 多家商户，70 000 多个品牌。

（2）QQ 商城（shop.qq.com）。QQ 商城于 2010 年 3 月 22 日由“QQ 会员官方店”升级而来。升级后的 QQ 商城打破原有限制，将此前只有 QQ 会员才能享受到的低价名牌网购特权向所有 QQ 用户全面开放，而 QQ 会员的优惠特权也将进一步升级。目前已网罗了包括皮尔卡丹、CK、Jack Jones、雅诗兰黛、迪士尼在内的近 200 家知名品牌的 QQ 商城，在保证正品低价的同时，具备完善的售后及赔付服务，一个 QQ 全民共享名品的时代正在悄然来临。

另外，从独立 B2C 起家的当当网、京东商城等平台陆续开通了店铺加盟接口，允许其他企业入驻开店。这些平台目前正处于介于独立网站与平台型网站的中间状态。

3. 第三方 B2C 网站的入驻方法

由于电子商务外部环境变化剧烈，各项规则尚在探索阶段，再加上每个平台企业自身发展问题，几乎每年都会出新的调整，下面以 2012 年为例做一说明。

（1）天猫（www.tmall.com）。在天猫开设经营店面，关键的需要 5 步，依次是企业支付宝认证，在线申请并签约，提交资料，等待审核，最后发布商品，开店成功。详细步骤如下。

① 申请企业支付宝账号且通过商家认证。

a. 申请企业支付宝账号。登录 www.alipay.com，单击“注册”，选择“企业”。

b. 通过支付宝商家认证。申请商家认证时应单击此处查看。此步骤需要 3~7 个工作日，期间如有问题可随时致电支付宝客服（0571-88156688）咨询。

注意：天猫要求用户所提供的支付宝账号是一个全新的账号，不可绑定任何淘宝会员 ID；如果用户已经拥有了一个经过商家认证的公司账号但不符合天猫支付宝的要求，可重新申请一个账户后，无需再进行一次商家认证，只需将新申请的账号与原有的商家认证账号关联即可。

② 登录在线申请页面。

a. 登录天猫招商频道，单击“立即入驻天猫”。

b. 阅读商家须知并完成在线考试。

③ 提交信息。

a. 提交信息并线上签约：考试通过验证支付宝后，在线输入申请公司信息及在线签订服务条款、服务协议及支付宝代扣协议。

b. 上传品牌 logo：上传品牌 logo，上传的 logo 必须和商标局备案的一致。

④ 等待审核。

a. 邮寄企业资质及品牌资料等待天猫工作人员审核（所提供资料全部为复印件材料，均须由商家加盖公章，天猫概不退回）。

b. 以天猫账号登录“我的淘宝 – 我是卖家 – 天猫服务专区”，在 15 天内完成保证金 / 技术服务年费的冻结缴纳操作。逾期操作，本次申请将作废。

⑤ 发布商品、店铺上线。

a. 以天猫账号登录“我的淘宝 – 我是卖家 – 天猫服务专区”，单击“发布商品”，根据页面提示，在 30 天内发布满规定数量商品。逾期操作，本次申请将作废。

b. 单击“下一步，店铺上线”，店铺正式入驻天猫。

（2）QQ 商城（shop.qq.com）。入驻 QQ 商城企业首先要符合以下 5 个要求。

① 申请企业需持有大陆企业营业执照、税务登记证。企业注册资本 10 万元以上（珠宝类 100 万元以上，食品、图书音像类目 3 万元以上）。

② 如果是品牌商，申请企业需持有商标注册证或者商标受理通知书。如果是渠道商，需提供正规品牌授权书（如果同时代理多个品牌在一家店铺销售可以提供正规的进货渠道证明）。

③ 有优秀的货源组织、发货能力，优质的客户服务团队和经验，拥有互联网开发和设计人员。

④ 支持 QQ 商城运营规范和消费者保证服务协议，承诺商品价格真实、接受 7 天无理由退换货、假一赔三、平台先行赔付等。

⑤ 通过网络提交的材料如果是复印件的照片或扫描件，则必须加盖企业法人

公章。

在QQ商城开设经营店面，关键的有5步：入驻考试、签署电子合同、填写申请资料、等待QQ商城审核、入驻QQ商城。

4.5 独立B2C的做法

1. 认识独立B2C

目前的大部分B2C属于独立型。当然，也不乏在做到一定规模之后，会出现类似平台型网上商场的招商，引入非自营业务，开拓“店中店”的独立型B2C。目前独立开设B2C业务的公司类型主要有以下两种。

（1）综合型。

目前市场上的当当网、D1优尚网、红孩子、京东商城、西单爱购物、1号店、卓越亚马逊、银泰网等均属于综合型。在众多综合型独立B2C中，部分是由垂直B2C转化而来的，如早期的当当网主营图书，红孩子主营母婴用品，京东商城主营3C类产品等。在此类网上商场中，以渠道商居多；还有如西单爱购网、银泰网等是在传统零售企业的基础建立起来的，大部分则是纯线上项目；为优化客户体验，部分综合型B2C选择自建物流。

（2）垂直型。

目前市场上以3C主打的国美电器、苏宁易购、小熊电器、新蛋中国等；时尚类的第九大道、乐峰网、麦网、走秀网等；服装类的凡客诚品、逛街网、Justyle、李宁商城、玛萨玛索等；美容化妆类的草莓网、芳草集、果皮网、可贝尔、美易商城、NO5时尚广场等；还有钻石珠宝、体育用品、家居建材、箱包、药品、食品、奢侈品等众多细分行业。在此类网上商场中，品牌商、渠道商混杂。近年来，有如国美、苏宁在内的众多传统零售企业涉足；大部分都是纯线上项目；垂直型B2C交易份额在整个国内网上零售市场中份额较小；随着用户量的增加，部分垂直型B2C完全有转向综合型的可能。

从交易规模角度看，综合型 B2C 总体上超过垂直型；从发展趋势看，随着综合型 B2C 的进入门槛越来越高，垂直型 B2C 将是很长一段时间内的创业热点。通过近几年的探索，传统企业通过成立或收购公司的方式进入电子商务领域，时机逐渐成熟。

2. 常见的独立 B2C 开发方式

独立 B2C 网站开发方式最常见的两种模式：自主研发或第三方承建。对于资金实力相对雄厚，特别是早期出现的独立平台型 B2C 均采用自主研发式。而目前新成立的公司，特别是传统企业创办的电子商务平台，经常采用第三方承建的方式。

（1）自主研发型。

自主研发型平台需要持续投入大量人力、财力，但仍是众多独立网上商场的首选，主要原因在于：系统平台可控性强，发现问题容易及时解决，可以实现个性化功能等。因此，如凡客诚品、1 号店等公司均自行开发平台系统。

（2）第三方承建型。

第三方承建的平台通常是将一套已经开发好的电子商务软件系统，通过个性化的修改后建立起来的，相对于自主研发的系统，需要持续投入人力、财力将少得多。另外，此类项目一般均可享受售后服务，这样商家可以集中精力做好网上商场经营中的其他事务，因此，成为众多传统企业、新入市商家进入网上商场经营的首选。当然存在的弊端是：由于采用的是通用软件，虽然可以定制，但总体个性化功能相对欠缺；出现问题通常需求助于开发商，可控性较差。目前，海尔商城、摩托罗拉手机官方网站等均采用第三方承建的系统。

3. 常见的独立 B2C 应用系统

随着众多企业独立 B2C 开设的需求增加，第三方电子商务软件提供商中系统平台提供商也应运而生。目前市场上常见的第三方电子商务软件提供商如下。

（1）上海商派网络科技有限公司。

上海商派网络科技有限公司（ShopEx）成立于2002年，是国内的电子商务软件及服务提供商之一。ShopEx长期专注于电子商务软件的研发及相关解决方案与服务的提供。经过近十年的积累，ShopEx形成了一支业内规模较大的专业团队，潜心钻研具有自主核心技术和知识产权的电子商务软件及贴合用户需求、独具行业特色的服务产品。主要产品有ShopEx、开源系统Ecshop、分销王、店掌柜等网店系统。

（2）广州信景技术有限公司。

广州信景技术有限公司成立于1999年，是一家专门从事电子商务应用开发的高科技软件公司，在数据安全、网络安全、组网、站点建设、电子商务应用开发、大型信息管理系统的系统分析与设计方面具有丰富的实践经验。公司以“网络沟通无障碍”为口号，以互联网电子商务为核心，推出了信使系列网络实用软件。其内容包括电子商厦、网站简繁互通、数据加密与签名、实时网络交流、网络接入等，主要客户有国美电器、中粮我买网等。

（3）长沙海商网络技术有限公司。

长沙海商网络技术有限公司（Hishop）成立于2002年，是国内领先的电子商务解决方案服务提供商。长期专注于为中小企业及个人网商提供电子商务系统平台软件的研发及相关网店增值服务产品的提供，是国内最早且持续最久的电子商务解决方案服务提供商之一。通过为中小企业及个人网商提供一站式的全程电子商务解决方案及增值服务产品，Hishop至今涉足23个行业、8种业态，用户数量达到30多万，是国内.NET独立网店服务提供商之一。

4.6 案例分析

杭州亿超电子商务有限公司从淘宝集市店开始，逐步发展为全网销售，打造成为目前国内电子商务配镜领域的领军企业，其成功经验可供任何行业企业拓展网络零售参考。

公司业务发展是个循序渐进的过程，公司从淘宝 C 店试点网络销售起步，逐步拓展到其他平台和渠道的销售业务。从公司员工配置角度进行解析，如图 4-1 所示，作为电子商务公司，本身就有普通企业的基本架构，特别需要指出的是公司副总专门负责不同平台的销售活动，而客服、美工、仓储等岗位是共用的。

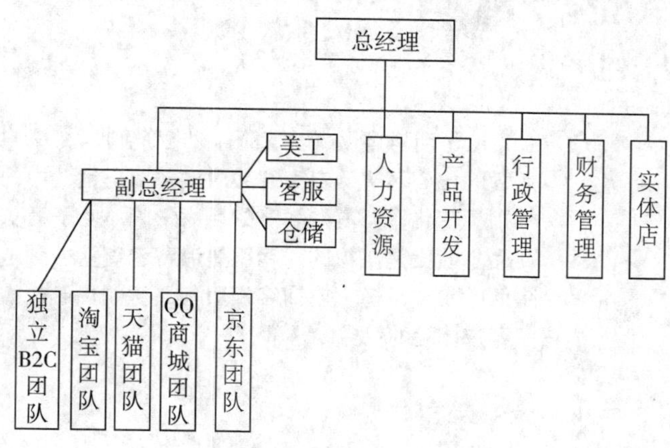

图 4-1 杭州亿超电子商务有限公司人员配置结构

围绕拓展业务发展角度来看，该公司主要遵循以下几点。

（1）公司一直视生产能满足消费者需求的优质、高性价比的产品为公司的核心竞争力。因此，公司高层极其重视产品开发，对产品部分的把控通常做到亲力亲为，打造新款时通常会参考公司网络销售反馈数据。

（2）以淘宝集市店、天猫店为主线，在此基础上逐步向其他平台拓展，目前已经覆盖 QQ 商城、京东商城、当当网等平台，并开设了独立 B2C，形成了真正意义上的全网销售。

（3）实体店业务成为 O2O 试水前沿，为满足各类客户需求，提供立体服务结构。

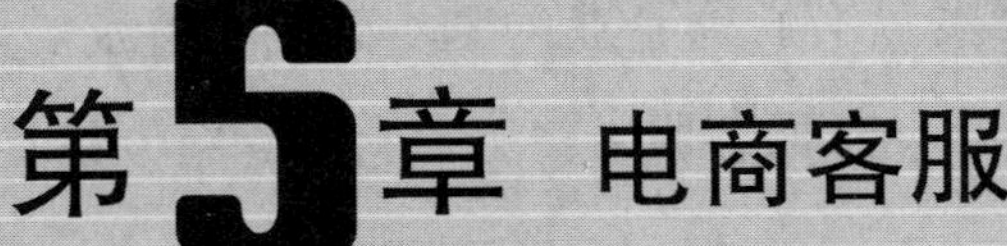

第5章 电商客服

电子商务客服（以下简称“电商客服”）是电子商务运营的核心环节，电商客服对电子商务运营中的核心考核指标转化率与复购率产生巨大影响。电子商务店铺和商品本质上是虚拟的，客服是消费者直接接触电子商务企业的主要渠道，电商客服服务品质的优劣，直接决定了客户体验的优劣。

本章学习目标

知识目标

□电商客服的定义和重要性
□电商客服应具备的知识和技能
□电商客服岗位细则和任职要求

技能要点

□掌握正确的客户服务理念
□掌握客服必备的沟通技巧
□掌握电商客服的工作步骤和要点

场　景

飞翔体育是杭州知名的体育用品代理商，成立于2006年4月，专门负责该品牌旗下产品在整个浙江省的运营。截至2012年年初，在整个浙江省开设近400家专卖店，在职员工3 000多人，发展速度非常快。

该企业自2011年年初涉足电子商务领域，目前已经拥有两家淘宝商城店，一家淘宝皇冠集市店及两家腾讯拍拍店铺。目前企业电子商务部共有员工12人，月销售额在100万元以上，平均每日订单数在500单以上。而在12人中，5个店铺仅有4个客服，平均每个客服每天接待在线咨询客户至少500人。

伴随该企业在2012年的进一步发展，其在线店铺数量和单店客户量都将获得质的飞跃。然而，目前摆在该企业电子商务事业部总经理孔飞面前最大的难题就是——客服人员严重不足、客服质量低于行业平均水平。在电子商务领域，大多数的企业主都关心自己的流量哪里来，而往往忽视了流量有了之后，转化率有多高，孔飞面临的就是这样的问题。推广部门顺利完成任务，而消费者来到店铺之后，最关键的就是谁会在第一时间解答客户的困惑，帮助客户顺利完成在线的交易。流量是银子，转化率是金子，金子和银子是谁都想牢牢抓住的，而抓住这一切的根本就是客服。

5.1 客服的定义

所谓客服，就是为企业（或个人）的消费者（可以是个人，也可以是组织）提供专业的服务，以协助消费者完成产品购买、产品体验、产品售后等相关环节的服务。对于电子商务而言，客服一般分为在线客服与语音客服两大类，其中在线客服又可以细分为偏销售型客服和偏售后型客服。

在电子商务的实际操作中，我们不难发现，很多自营的垂直B2C企业基本是没有在线客服的，那是因为这些垂直的B2C网站所销售的产品，单款是只有一个产品，没有多个店铺销售同一件产品的现象。而在淘宝等购物市场型网站，则因为同类型的产品有多个企业进行竞争销售，所以会有数量庞大的在线偏销售型的售前客服。

电子商务的客服在企业形象维护、产品销售、售后维护、数据搜集等方面起着至关重要的作用。

1. 企业形象维护

电子商务到底卖的是什么？表面看是只要符合国家规定的产品都能卖，稍微深入点就是卖的图片和文字说明，而事实上，电子商务真正卖的是信任和服务。消费者在进入网页进行浏览的时候，看到的永远都是一幅幅的图片和一个个的文字，而人对于未知的事物总是充满了恐惧，有了恐惧就会衍生出距离感和怀疑。正是因为如此，客服在这个过程中间与客户进行交流，能够向消费者阐述清楚店铺的经营理念、服务的态度等，顺利完成在消费者心目中树立企业良好形象的过程。

2. 产品销售

电子商务的客服是将流量转化为实际购买的一个核心环节。那么电子商务究竟是主动营销还是被动营销呢？企业做出的推广可以视为主动营销的环节，而消费者因为各种动机来到网站或产品页面之后，选择的主动权完全掌握在消费者自己手上，这个时候商家是完全处于被动营销的局面。正是因为商家处于被动，所以才需要更好地服务于掌握主动权的消费者，才能实现最终的成交。

客服在这个过程中间，能够通过自己的专业化服务，促成消费者对于目标产品的直接购买，提高消费者的成交率；客服还要通过自己的专业化服务，使得消费者在购买目标产品的同时，还能产生关联产品的购买，拉动消费者的购物数量和质量；客服更得通过自己的专业化服务，感染消费者，令消费者对商家产生真正的依赖感，使得消费者的重复购买概念大大提升。

3. 售后维护

任何产品都会存在质量问题，世界上没有产品没有瑕疵，这点是毋庸置疑的。当消费者在实体店铺购买的产品出现质量问题后，如果能够得到妥善处理的话，其不满情绪就会降低，处理得当的话，还能令消费者因为售后而产生对品牌和商家的信任感。

同理，消费者在网上购物过程中，对产品质量也是存在不确定心理的，并且由于没有能够让其直接感观的产品实物，所以会对产品更缺乏信任感。正是因为如此，电子商务的客服需要比线下的客服具备更高的专业素质，因为初步的故障排查需要客服具备非常强的专业化技能。

4. 数据搜集

在实际的企业运作过程中，不论是市场、推广、运营、采购中的任何一个部门，在做出自己部门的相关政策之前，都必须要有真实而有效的客户信息作为依据，否则难免会走入误区。

而电商在实际运作中，真正能够与消费者有“亲密接触”的就是客服，只有客服将精准的客户信息（如消费者对于服装款式的修改意见、消费者一般来购物的习惯等）搜集起来，企业的发展才不至于走入歧途。

5.2 岗位职责

1. 售前客服

职责描述：

（1）熟练运用聊天工具，在线与客户进行沟通和交流，促成客户的最终成交。

（2）了解客户的需求信息，进行有效的跟踪和服务，做好销售前的指导和服务工作。

（3）熟知公司产品的专业知识，能够解答客户在购物过程中出现的问题。

（4）对公司现有客户进行系统维护，定期通知公司当下促销活动。

（5）做好相关数据的整理，录入、处理公司各项活动的数据统计。

（6）通过自己的良好服务降低客户的流失率和拒收率、退货率。

2. 售后客服

职责描述：

（1）运用电话、在线聊天工作等手段，与客户进行充分沟通，帮助客户顺利完成对于企业产品的实际使用。

（2）了解客户的真实需求，妥善处理客户对于产品及企业的不满，消除因为产品或服务问题对客户造成的伤害。

（3）熟悉产品的实际使用事项，以专业化的角度给予客户真正的体验式建议。

（4）做好相关数据的整理工作，录入、处理公司产品实际问题的统计数据。

3. 语音客服

岗位职责：

（1）利用电话等通信手段，与客户进行有效沟通，帮助客户解决在线操作的实际问题。

（2）利用电话等通信手段，与客户进行有效沟通，协助客户完成企业所销售产品的相关事宜。

（3）利用电话等通信手段，与客户进行有效沟通，妥善处理客户对于所销售产品的不满或对企业各方面服务的不满。

（4）做好相关数据的整理工作，录入、处理公司产品实际问题的统计数据。

4. 客服主管

岗位职责：

（1）管理客服团队，按照周期分配团队成员接受咨询、销售商品的任务指标，并协助团队成员完成指标，做好指标下达之后的跟进工作。

（2）学习商品相关知识，并组织团队成员学习相关的知识，提升咨询的转化率。

（3）负责协助团队成员处理疑难客户的咨询、投诉问题。

（4）负责搜集、整理客服部门所有的相关信息，了解分析客户的真实需求点，推动企业相关产品及促销方案的改进。

（5）与其他部门进行配合，保证公司促销活动能够真正落实到每个客服人员的身上。

5.3 客服的任职基础

1. 电脑操作基础

（1）打字速度在 80 字 / 分钟以上，基本实现盲打。

（2）熟练使用 Word 和 Excel，懂得基本的文档归类和表格处理操作。

（3）懂得应用互联网，能够快速地在网络上寻找到自己需要的资料。

（4）熟练使用聊天工具，熟悉聊天工具内各细节功能。

2. 心理素质基础

（1）必须具备很强的服务意识。

（2）必须具备抗打击能力。

（3）必须具备情绪的自我调节能力，遇到各种问题的时候，要能自己控制情绪。

（4）必须具备处变不惊的应变能力，身为客服人员各种各样的问题都得处理。

（5）必须拥有良好的耐心，有些客户提出的问题很简单甚至很幼稚，但他确实不会，就需要客服人员进行解答。

（6）必须具备对自己、对产品、对企业的充分信心，否则无法打动客户。

3. 基本能力基础

（1）文字表达能力，电子商务的客服沟通很多时候都是利用文字进行的。

（2）善于学习的能力，电子商务是个日新月异的行业，知识更新很快，必须要不断学习。

（3）良好的人际交往能力，同客户进行沟通和交流，事实上就是与人交往的过程。

（4）本行业的知识基础。

5.4 客服的知识结构

电子商务作为高校内一个独立的专业，其包含的内容非常丰富，从物流知识到Photoshop，再到网页制作，以及网络营销等。对这些知识的累积，为我们从事电子商务打下了坚实的基础，而我们一旦实际去从事电子商务的相关工作，尤其是客服类工作的时候，会发觉所需要掌握的知识要非常广泛。本节就简单阐述在电商客服领域应该熟练掌握的7个方面的知识，只有努力学习这7个方面的知识，才能真正做个合格的电商客服！

1. 产品知识

前面的章节讲到过电子商务最终卖的是信任和服务，但这并不是说在实际的电子商务运营中，身为客服人员就可以不去了解自己企业的产品知识。相反，正是因为电子商务卖的就是信任和服务，对企业所销售的产品才更加需要有丰富的专业知识，只有这样才能给客户一种专业人士的感觉，有了这种“专家”一样的感觉，才会真正赢得客户的信任！

如图5–1所示，客户在询问皮鞋的产品材质本身的相关问题，因为皮鞋的皮质从牛的种类主要分为黄牛皮、水牛皮和牦牛皮，从牛皮的层次上又有头层皮和二层皮之分，从牛的本身上又分为公牛皮、母牛皮和小牛皮。每一种皮的皮质都是不一样的，穿在脚上的感觉也是有差异的！而这个客服在处理问题的时候，就简单化处理了，以自己的个人理解去看待事物，以为皮鞋都是牛皮做的，客户问是公牛皮还是母牛皮就是故意在找乐子。

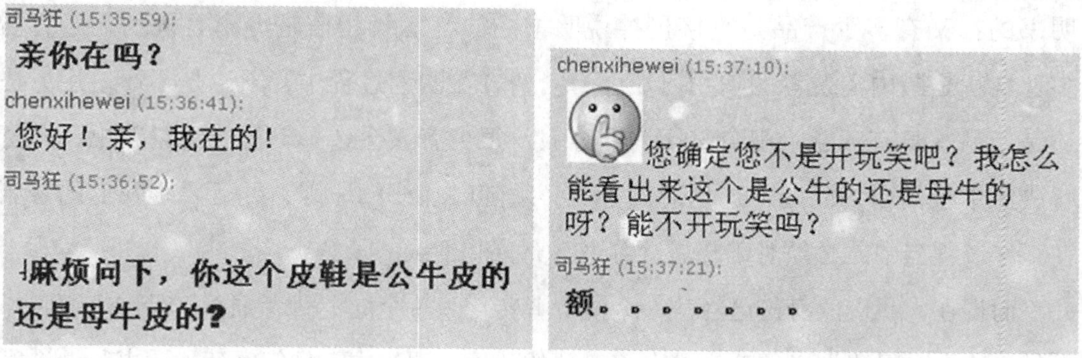

司马狂 (15:35:59):
亲你在吗？
chenxihewei (15:36:41):
您好！亲，我在的！
司马狂 (15:36:52):
麻烦问下，你这个皮鞋是公牛皮的还是母牛皮的?

chenxihewei (15:37:10):
您确定您不是开玩笑吧？我怎么能看出来这个是公牛的还是母牛的呀？能不开玩笑吗？
司马狂 (15:37:21):
额。。。。。。。

图 5-1　关于皮鞋的客服案例

同样的例子，在现实生活当中也存在，有位顾客去某服装专卖店购物，看中一件保暖内衣，该内衣有羊毛，看着似乎很保暖。遂询问导购员，该内衣能否水洗。结果导购员回答说："您要是有钱，就每次都干洗；您要是想节约些，就水洗。"顾客顿时纠结，投诉至该门店店长处，店长问该导购为什么会如此回答，导购还觉得自己很委屈，说是因为本来就是有钱就干洗，没有钱就水洗，她不知道很多衣服因为本身材质的缘故，是绝对不能水洗的，一旦水洗这件衣服就会毁掉，这个与客户是否真的有钱没有什么关系。

所以，通过上述两个真实的案例，我们不难发现，不论是在线上还是在线下，一旦涉及销售的环节了，就必须对自己的产品有充分的了解，一个自己都不了解所售产品的人怎么能去说服客户购买产品呢？

那么，当我们知道了必须去掌握所销售产品的专业知识后，如何才能获得这些非常专业的知识呢？可以从下面几点进行学习。

（1）查看说明书。

电子商务在国外发展的过程中，客服的数量是非常少的，而在国内的电子商务领域，客服的数量则非常庞大，也成为制约电子商务企业发展的重要因素。那么，国外的电子商务企业为什么不需要大量的客服呢？很重要的一个原因就是国外的消费者都有自己购物后仔细阅读说明书的习惯。而这是国内消费者很少会做的，不相信的话，当你在阅读本段文字的时候，仔细想想，你有多少产品买回来之后是看说明书的？又有多少产品是直接扔掉说明书的？答案我相信是毋庸置疑的，后者居多！这就是国内消费者的购物习惯。当消费者在购物过程中，不论是不懂使用方法还是产品本身有问题，都会直接询问客服，很少有人会选择自己查看说明书，自行解决原本很简单的问题，这是造成客服必须随时在线的原因，并且要求我们的客服在工作过程当中，必须对于产品有着极其充分和细致的了解。

而现在，我们的身份已经从一个消费者转化为一个向消费者推荐产品的客服工作人员，这个时候我们必须对产品有着充分的认识。这当中，仔细阅读说明书是一个客服人员迅速了解产品的最快捷的方法，其实绝大多的关于产品的问题在说明书中都已经有简单的罗列，相信只要仔细阅读说明书，关于产品的一般知识都能熟知。

（2）搜索资料。

电子商务，其本质是商务性行为，电子技术是其手段，所以相比于一般的传统行业而言，电子商务行业的从业人员都必须熟练使用互联网的各种应用。在获得产品知识方面，很多时候，完全可以借助于互联网。

但是，不得不提的一点是，通过互联网搜索相关资料的时候，会有很多的错误资料，这就需要客服人员在资料整理过程中，能够自行判断资料的准确性，并加以利用。

（3）亲身体验。

小马过河的故事，相信每个人都听过。当小马问老牛，河水有多深，老牛回答的是很浅，刚没小腿。可松鼠又是怎么说的呢？松鼠说水很深，会淹死人的，自己的同伴昨天就淹死在河里面了。最后小马回去问妈妈，到底该听谁的。妈妈让小马自己去尝试，结果既没有老牛说的那么浅，也没有松鼠说的那么深，不深不浅，刚刚好。

试问，小马自己不去体验，光是听别人的建设性意见，能够真正探知这条小河到底有多深吗？唯有小马自己亲自去体验过了，才能将自己真实的感触表达出来。同理，当我们在接触产品的时候，光是通过文字、图片等形式的资料去了解产品，必然会出现一种想当然式的偏差，而这样的偏差却是致命的。所以，熟练掌握产品知识，必须要有客服人员自己的亲身体验，当你真正的体验过这个产品之后，才能与客户沟通的时候诉说到关键点上。

（4）询问同事。

子贡曾问孔子，孔文子为什么可以获得“文”的谥号？孔子的回答是，因为他聪明好学，肯向不如自己的人请教问题，并且不会因为这个而觉得是自己的耻辱，所以才能得到这样的谥号。那么，同样的道理，对于电商客服而言，要获得产品的相关知识，直接询问自己的同事，与同事一起进行研究和探讨是一个非常有效的办法。一个人的能力是有限的，大家的能力则是无穷的！

2. 行业知识

上面讲的是产品专业知识的方面，接着谈谈整个行业的知识。

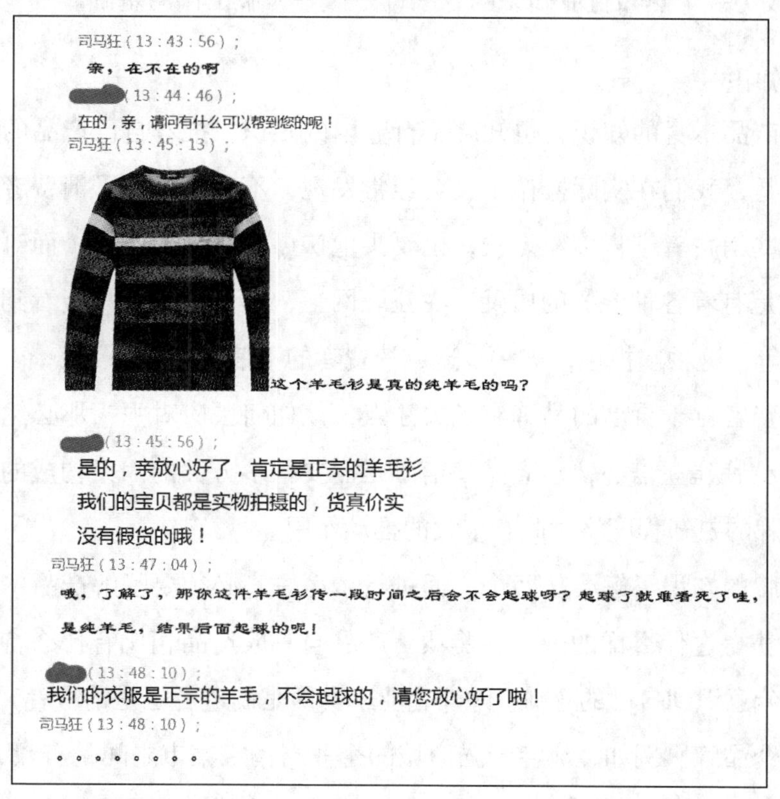

图 5-2　关于羊毛衫的客服案例

上面这个例子，我们可以看到，当消费者询问羊毛衫是否会起球的时候，客服向客户保证，这个羊毛衫是肯定不会起球的。而事实真的是如此吗？起球是因织物表面的短纤维被摩擦移动而形成的，这一移动是由外力引起的。当织物局部之间相互摩擦，或在穿着过程中受到比本身粗糙的任何织物的摩擦，都会产生起毛，再形成球粒。因此，毛衫表面摩擦最剧烈的部分起球最为厉害。一位国外的专家甚至说过“不起球，就不是真的羊毛！”对于懂得这部分知识的消费者，会对这个客服产生什么样的一种感觉呢？

再如，我们很多时候真的能分清楚棉、麻、涤纶等材质的区别吗？我们是否真的知道爽肤水和柔肤水的区别？我们是否明白唇彩、唇蜜、唇膏的区别？我们是否明白 3G 的 3 种制式有什么不同？诸如此类的问题在未来电商客服的实际工作中必然会遇到。再次重申电子商务卖的是服务和信任，消费者对于专家的信任度才是最高的，让自己成为一个熟知行业知识的专家，是做好客服工作的基础。

3. 品牌知识

具备了产品本身的知识，也知晓了行业内的知识，推荐自己产品的时候才能得心应手。但是，我们在实际操作中又会经常发现，不是产品好了消费者就一定会选择购买，有些消费者宁肯多花点钱，也要买他认可的品牌的产品，而对于没有听说过的品牌总是有着各种各样的质疑。在互联网上，由于消费者只能看到产品的图片和文字说明等，这种虚拟性，进一步造成消费者的不信任感。

如果消费者对于自己的品牌有了关注点，该如何去应对呢？那必然是要让消费者对自己的品牌建立信心，建立品牌信心是需要很多方面的因素构成的，但是客服人员对于品牌的熟知程度将对此有很大的推动作用。

对于品牌的知识了解要从两个方面进行。第一，必须要了解产品本身的品牌知识。如产品获得过什么样的荣誉、奖项，产品与一般产品相比有什么特殊性等。第二，必须充分意识到自己的企业（除非企业本身即是制造者也是销售者，可以两者合一）也是一个品牌。例如，淘宝天猫商城的企业与淘宝集市之间是有很大的差别的，商城企业参与到诚信通的活动，承诺 7 天无理由退换货等都是企业的品牌，若企业本身在线下时就有知名度，则可以向消费者进行阐述。

4. 竞品知识

互联网是个开放的平台，任何人在不违反规则的情况下都能在其中进行商务性行为；互联网是一个打破原本地域局限的平台，通过互联网，消费者足不出户就能买到全国甚至全球的任何产品。正因为如此，电子商务企业产品出现同质化的概率越来越高，而电子商务的开放式，又使消费者能够轻易地进行产品对比，这是传统渠道营销不会出现的问题。

因此，客服人员必须要比一般消费者，甚至是要比竞争对手的客服人员更加熟悉产品的专业知识。唯有客服人员充分了解到了竞争对手的产品知识，才能做到在与竞争对手竞争过程中有的放矢，引导消费者做出选择。

5. 促销知识

现今的电子商务，竞争已经日趋白热化，每个电子商务网站为了聚拢人气，都在不断推出各式各样的促销活动，以达到网页浏览量的最大化。同时，据调查，国人网络购物的一个主要原因还是“便宜”，而“便宜”一部分是通过各种促销活动体现出来的！

电子商务的客服有 3 个层次：第一层次的客服是消费者需要什么，就介绍什么，完成为消费者服务的工作；第二个层次的客服是消费者需要什么，就先把需要的商品卖给他们，但是同时还能卖相关的商品给他们，即所谓的关联营销；第三个层次的客服是消费者需要什么，先卖给他们需要的商品，同时卖相关的商品给他们，还能吸引他们以后每次都来自己的店里购买，也就是所谓的回头客。

综上所述，在客服从一般客服成长为第二阶段的客服的过程中间，对于促销知识的充分掌握是必不可少的，因为只有尽可能地了解企业促销活动的内容，并将其消化，从而得出真正适合消费者的促销政策，并以通俗的言语向消费者进行解释，消费者才会由其想买的产品延伸到客服所推荐的其他产品上面来。

6. 电子商务知识

身为电子商务的从业人员，必须具备基本的电子商务知识，但是这里说的电子商务知识不是电子商务专业所学习的课程知识，而是一系列与电子商务息息相关的规则、物流知识等。

只有熟悉电子商务中的具体规则，才能在接待消费者的过程中不出现常识性的错误。

7. 其他知识

其他知识是对于客服从一般客服成长为优秀客服的特殊要求，熟练掌握其他各方面知识的客服，才能拉近与客服之间的距离，真正做到"急客户之所急，想客户之所想。"

例如，某电商企业是做女性产后塑形类产品的，如果客服人员直接与消费者聊产品，也是能够获得一定成交量的。但假如在聊产品的同时，还能以一个过来人的身份，给消费者传递更多育婴方面的知识，这样就拉近了与消费者之间的关系。这些育婴的知识与所从事的工作本身是没有关联的，但是这些知识能起到的作用则是非常明显的！

再如，身为客服人员，因为互联网是完全开放的，必然会有来自全国各地的，甚至是全球的消费者。假如客服能对全国各地的风土人情都熟悉，在沟通的过程中，有意识地提及消费者家乡的诸多好处来，想想看，消费者是否会很高兴呢？那么在接下来的沟通中，是不是就会很融洽呢？不管是偏销售型的客服，还是处理投诉的客服，这都是有效拉近双方距离的手段。

上面所说的 7 个方面的知识，是客服人员在入职之后，必须充分利用各种时间，快速为自己充电的。哪怕在学校内学的就是电子商务专业，哪怕在其他行业有着多年的从业经验，这些知识都得认认真真地从头学起，只有将这些知识都掌握透彻了，才能真正做好电商客服这份看似简单，实则做好很难的工作。

5.5 文字沟通技巧

电商客服有别于现实生活中的一般客服的关键点是——电商客服很多时候靠文字（本节仅谈在线客户，语音类客户在第 5.7 节具体探究）同客户进行交流，而一般客服其实主要靠语音同客户进行交流。所以，无论在线客服还是一般客服，其工作的内容其实都是一致的，那就是——聊天，与客户进行深入的沟通、交流，以期达成购买。

在线接待客户的过程中，客服人员是用文字来表达心中所想，而现实生活中则是利用嘴巴发出的语音来表达思想，而这两者之间是有着本质的区别的，文字的表达需要客服人员拥有驾驭文字的能力，但又不仅仅是文字的驾驭能力。

1. 错别字现象必须杜绝

在文字表达过程中，一旦出现错别字，则所要表达的意思可能会完全变样，更有甚者，会产生令人啼笑皆非的歧义，这个现象在当下使用拼音输入法的群体中，更是屡见不鲜。如“如果您觉得我比较‘难产’（难缠）”等。

2. 文字沟通需要说全话

在现实生活中，我们与人聊天，很多时候可以直接省略很多内容，这并不会影响双方的沟通效果。然而，这种行为发生在网络中，有时则会令消费者感到难以接受，进而影响到客服的工作质量。

试想，当你进入某个电子商务网站，与该企业的客服进行如下对话会做何感想。

“亲，你在吗？”

“在。”

“这个衣服有现货吗？”

“有。”

“那能包邮不？”

“不能。”

……

3. 文字沟通必须注意标点符号的使用

在面对面的沟通过程中，可以通过停顿来分隔每个句子。而在文字的沟通过程中，倘若未能准确地使用标点符号，则会造成歧义，给消费者带来诸多不便。例如：

“你好，上次买的衣服尺码不对，能换吗？”

“你好不好意思！”

“你什么态度啊？尺码发错了，还说我好不好意思，我要投诉你！”

……

4. 文字沟通必须有效地利用表情

在面对面交流中，肢体语言是重要的表达方式，然而在线上，我们自身的肢体语言是没有办法直接呈现在客户眼前的。所以，在文字沟通的过程当中，我们必须适当加入恰当的表情符号，来衬托当下的情感状态。例如，当客户同客服进行价格拉锯战时，客服甚至可以用个上吊自尽的卡通人物的搞笑表情，配上对白，“大哥，您也忒狠了！我都想自尽了！”想必对方看到这样的回复能够会心一笑，不再故意纠缠这个事情的了。

在表情使用方面，建议多以卡通人物、小孩子等具备亲和力的图片为主；能够使用动态图片时，尽可能少用静态图片。

5.6 在线销售型客服的工作步骤

任何工作都有规范的步骤，按照步骤实施能够真正起到规范化的作用。客服的岗位看似简单，但要想真正做好也不是件简单的事情。下面就从客服工作步骤的方面，探讨如何成为合格的在线客户。

1. 迎

所谓的迎，指迎接客户。当客户被我们的市场推广方面所吸引，会自发地来到我们的网络店铺，而当客户进入店铺，仔细查看了产品之后，必然会对产品产生浓厚的兴趣。此过程中，客户第一时间会询问的就是客服。所以客服在遇到客户的咨询之后，第一时间就对客户表示足够的欢迎，令客户有种受到重视的满足感。

在迎接客户的过程中，必须做到快速响应，一般一个客户在呼叫之后的6秒钟内，能给予回复是最佳的状态。为了提高客服的实际工作效率，建议客服人员必须学会使用自动回复和快速回复的技巧。自动回复为设置好客户来言询问之后的自动回答，内容为预先编辑完成的，可设置客服工作状态而回复，好处是响应速度快，不足的地方是多次回复时，内容重复，会令客户缺乏被尊重感。快速回复则为客服对于客户经常询问的问题，预先设计好每个问题的标准答案，该种回复的好处在于，针对不同的问题有不同的回答，不易令客户感到不尊重，但比之自动回复，则需要客服在看到客户的问题之后，点击答案，方能进行回复。

在使用统一的欢迎词时，还得注意很多细节部分，例如，我们设置的迎接语是否因为字体的缘故过长，从而客户在查看的时候产生不便等。总结起来，就是在迎接客户的过程当中，要给客户留下一个非常良好的印象，要求主动热情、大方得体、尊重客户。

2. 察

这个步骤在客服的工作中起着非常重要的作用，这个步骤若能用好，则后面的一系列工作都能顺畅地完成，若不能用好，则会影响接下来的工作，严重的会影响到客户的最终成交。

察主要分为3个层面。

（1）查客户的IP地址。

每个客户来访问网站的时候，我们的后台都能够查到对方的IP地址，而这个IP地址对于客服来说是非常重要的。中国的领土面积达到了960万平方公里，不管是东部和西部、南方和北方，都有着明显的地域差异，同样一个事物，在各个地方的称谓或许是截然不同的。你用南方人的称呼方式去告诉北方人这个东西是什么，北方人会很困惑，反之亦然。甚至不同区域的人，说话的方式也是不一样的。对山东人应该说“俺”，对上海人则应该说“阿拉”等，好的客服必须要求自己按照客户的说话方式去交流才能起到意想不到的效果。

（2）观察客户的个性。

现实生活中，有急性子的人，也有慢性子的人，他们说话的语速是完全不同的。因此，与不同性格的客户进行沟通时，也必须采用不同的说话方式。例如，有的客户喜欢一个短语一个短语地发送信息，里面有时会夹杂错别字。对于这样的客户，身为客服也必须很快速回复，有短语对方也是能够接受的，甚至出现错别字，只要第二句话跟上补充，对方也是没有意见的，反而会觉得这个客服很积极地在响应自己的问题。反之，一个在线沟通中习惯把要说的话一次性全部输入完成再发过来的客户，客服就绝对不能一个接一个地发短语，这样会让对方极度反感。这就是最基础的客户个性的观察，客户的个性不同教会客服人员在于其沟通的过程中使用适当的沟通方式。

（3）查看客户的购买记录。

客户的购买记录是客服准确把握消费者心态的重要资料。客户的平均消费水平，也有助于选择了给客户推荐什么价位的产品；客户在之前的购物过程中的还价区间值，也是客服在与客户还价时候的重要参考的因素；客户之前的购物记录甚至能够为客服找到客户投诉的真实原因等。

3. 问

一个好的客服一定要学会问客户问题，问的问题越多，越能够获知客户的真实需求，对于最终成交起着非常重要的作用。限于篇幅，这里只简单讲讲几种常用的提问方式。

（1）开放式提问。

所谓开放式提问，其关键点是，问题的答案完全是由消费者告知的，客服在这个过程当中，是没有办法预先得知客户会如何回答问题的，一般适用于同客户初步交流的过程中。比如，您喜欢什么款式的上衣？

（2）封闭式提问。

封闭式提问又分为两种，第一种是2选1的提问方法，使用这种问法的时候，必须两个答案都对自己有利，两个答案之间的差距不是很大。最著名的案例就是老太太卖鸡蛋，老太太问的是“你要一个鸡蛋还是两个鸡蛋”，可倘若换成“你买不买鸡蛋”，效果则会如何？第二种则被称为牵引式提问，这个提问方式，是反2选1的问法而行之，必须强迫客户按照你的意愿选择那个想让他选的答案。所以，如果有两个答案的话，那这两个答案的差距要非常大，才能迫使客户只能做出你所希望的选择。

（3）迂回式提问。

所谓迂回式提问，是针对某些问题的答案会是客户的隐私，或者是客户不愿意回答的问题，那么通过其他的问题，最终带出你原本想问的问题的答案来。比如，询问女生的年龄一般都无法得到回答，那么完全可以通过询问工作年限、毕业院校等得出答案。

（4）反问。

反问，顾名思义就是在客户问你问题或者征询你意见的时候，尚未完全得知客户的真实需求时候采用的提问方式。如果网站卖某件衣服，只有一种颜色，而客户询问是否还有其他颜色，这时不能直接回答没有，这叫拒绝客户，又不能只是问客户喜欢什么颜色，如果客户回答了某个颜色，再去说“抱歉没有这个颜色”就不好了。这些都是很失败的回答，我们应该先反问客户“那您喜欢什么颜色？”客户回答之后，继续问“那您告诉我您最喜欢这个衣服的什么特质？”客户回答之后，只需要告诉他，他喜欢的那个颜色如果配在这件衣服上，衣服的特质就没有了。这才是正确的反问方式。

4. 听

当我们问了客户问题之后，我们必须认真去倾听用户到底想表达什么，这个是客服最重要的工作了。毕竟在文字表达上，不是每个人都能做到非常优秀的，而在大段大段凌乱的文字中，仔细辨析客户的真实意思，是考验客服领悟能力最重的要方面。

听永远比说重要，只有倾听才能发现客户的真实需求，找到成交机会，因此当客户在表达时，请认真倾听。

5. 应

所谓的应，指的是客户说话的时候要积极响应，不能让客户感觉没有人在倾听。要利用必要的回应话术，令客户感觉到你的存在。这里推荐大家使用一些简答的词汇，如“哦，啊，恩，还有呢？请继续，您说得很对”等。

当然，客户可能会在沟通过程中产生各种各样的疑问，而对于这些疑问，这个“应”就显得很重要了，毕竟客户在遇到这些问题的时候，是非常渴望有个人能够给予帮助，快速响应是考察一个客服人员工作是否认真负责的重要因素。

6. 说

这里的“说”，其实就是客服必须具备的说服能力了。要知道，客户在决定找客服之前，已经对产品产生了浓厚的兴趣，客服只要协助客户下定决心就可以了。这就如同一个人站在蹦极的跳台边缘，就是不肯往下跳，客服就是那个推他下去的教练。所以在电子商务中，就非常需要客服的说服能力。下面介绍两种常用的说服技巧。

第一种，帮助客户算账的方法。这个方法的目的，就是利用客服说服的能力，令客户感觉到自己此次是占了便宜的，必须要抓紧时间下订单。

有三个人去住旅馆，住三间房，每一间房 10 元，于是他们一共付给老板 30 元。第二天，老板觉得三间房只需要 25 元就够了，于是叫服务员退回 5 元给 3 位客人。谁知服务员贪心，只退给每人 1 元，自己偷偷拿了 2 元。这样一来，便等于那 3 位客人每人各花了 9 元，于是 3 个人一共花了 27 元，再加上服务员私拿的 2 元，总共是

29元。可是当初他们3个人一共付出30元，那么还有1元呢？

上面这个故事相信大家都有印象，而这就是所谓的算账方法。下面以店铺做促销活动举列：消费者买了29元的产品，但是活动是满30元包邮，那么客户为了省去邮费，会继续购物，客户又购买了20元的产品。仔细想，买29元产品的时候，本身需要付邮费吧？如果没有这个活动，客户单独购买那件20元产品的时候，是不是也需要付邮费呢？这样是不是其实所谓的包邮里面是包了两个邮费呢？这样消费者就能够比较容易接受了！

第二种，利用自己的文笔表达，给予客户一种充分的想象，想象没有产品对他造成的种种不便或麻烦。其实就是替客户创造需要，并且将这个需要变得非常紧迫，非常需要。

7. 收

最后这步的收，是说如何结束最终的服务。当我们说服了客户之后，客户自然就会去下订单，那么马上就能获得成交了，但是不是说这次获得成交任务就完成了。其实，销售完成之后的服务，才是销售真正的开始。有如下几方面的收尾工作应该注意。

（1）更改客户的聊天工具上的备注名，并按照标准进行分组。

无论使用何种聊天工具同客户进行沟通，在订单完成之后，尽量将客户的备注名改成客户所在地加真实姓名。这样，下次可以时给客户一些善意的提醒，绝对能起到意想不到的效果。下次客户再来找你时，如果能准确地叫出他的名字，客户的感受是完全不一样的，这就是满足客户的被尊重感。同时，按照客户的不同种类，制定相关分类标准，给每个客户分入合适的组，如此，下次的促销信息发送才能做到有的放矢。

（2）要求客户将网站地址添入收藏夹。

大多数人在使用电脑的时候，都有使用收藏夹的习惯，这些收藏夹收藏的一般都是客户最感兴趣的网址，而通过收藏夹顺利地再次进入网站是客服必须想办法做到的事情。

（3）在订单完成之后，记得准时汇报。

在订单完成之后，电子商务必然还有一个送货上门的时间段，而在电子商务中，由于物流造成的投诉是特别严重的。所以，客服在完成订单之后，应当主动告知客户，该订单的货物什么时候发出的，大概什么时候客户能够收到，如此客户就不会产生焦虑。同时，在订单显示客户已经签收之后，必须想办法要客户告知具体感受，有条件的话，还要求客户将使用中的好的感想展示出来（如淘宝的好评等）。

5.7 语音客服的工作细则

前面介绍了在线接待客服的工作步骤，事实上，语音客服的工作步骤也基本相同，只是从文字换成了语音进行表达而已。下面重点讲述语音客服的工作细节。

1. 语速训练

每个人都有自己的说话习惯，这当中就包括了语速。而在语音客服的工作中，不论是过快还是过慢的语速都是不正确的。语速过快，可能会造成客户没有办法了解清楚你想说的内容，甚至会觉得你想推销的嫌疑，造成客户的抵触；而语速过慢，则很容易造成客户的不耐烦，直接挂机。客服不必强求每分钟必须说多少个字，只要按照对方说话的语速去调整自己的语速，基本上都不会有太大的问题。

2. 语气训练

因为客服的工作是为客户提供服务，所以在同客户对话的过程中，一定要保证语气的恰当、得体。既要给人一种亲切感，能够引发对方与你继续对话的兴趣，又不能太过亲切引起客户的反感，更不能用不屑的语气同客户说话，哪怕这个事情你说了很多遍确实是客户自己不懂，也要保持正常的语气。

3. 音量控制

身为语音客服，在和客户的沟通过程中，基本都是在电话中进行的，这个时候一定要考虑在电话里面音量的问题，肯定要比自己平时说话时候的音量低。但是，一旦感觉到客户连续多次出现没有听清楚你在说什么内容的时候，就必须要适当提高音量，而不要等到客户自己提出来。同时，还应该尽量避免自己操作的杂音出现在对话中，包括敲击键盘的声音、喘气的声音、寻求同事帮忙时候的对话声等。

4. 音准训练

语音客服与客户对话时，必须保证自己的音准问题，不必要求同播音员一样字正腔圆，但是最起码要让对方能够听明白要表达的内容。

5.8 售后客服的工作细则

同语音客服一样，售后客服应该学习的知识及基本的工作流程也都与在线接待的客服基本一致，下面用售后处理的 4 个阶段来阐述售后客服的工作细则。

1. 接受客户投诉阶段

在这个阶段中，客户往往是火气最大的时候，不论到底是什么原因造成的，也不论过错方到底是在我们还是在客户本身，这个时候往往是客户最需要宣泄的时候。所以在这个阶段，先要允许客户充分宣泄他的不满。

在让客户宣泄的同时，你一定要给予客户足够的重视，让客户感觉这件事情确实会引起你们的重视。并且在重视的同时，要表达你对于客户的理解，甚至是同情，也可以尝试说，假如是自己遇到这样的情况会反应比这个激烈很多，顺便夸一下对方的足够有素质。

但是，不论你如何理解客户，都必须在内心深处保证自己的冷静，要能够正确判断客户所反映问题的实际情况。对整个事件，要仔细地询问，做好详细的记录，甚至是在客户宣泄不满的同时，清晰地整理出投诉事项的来龙去脉。

整理清楚客户投诉的原因，明确告知客户该投诉的初步处理意见，若不能马上处理的，明确告知处理的时间，以及反馈的时间点，并再次致歉。

2. 解释澄清的阶段

任何投诉的发生，都是双方不愿意看到的，但是这个事情的发生总是有他的原因的，客户有知情权，既然投诉了就必须让消费者了解清楚到底是什么原因造成的。

首先，在解释之前，不论哪方面出现的问题，哪怕就是客户自己本身的问题，也请先道歉再解释。因为不论如何，总是给客户造成了各种各样的不便，为此也应该向他道歉。很多时候，道歉并不代表就是你做错了什么事情，这只是代表一种诚意，或者说是一种态度。但是千万注意道歉的过程当中，千万不要低三下四，这样很容易给客户造成不好的感觉，觉得有机可乘。

接着在解释的过程当中，千万不要与客户争辩，或者为了降低责任一再的寻找借口，这样只会引起客户的不满，并将事态进一步恶化。换位思考，易地而处，站在消费者的角度，从他的感受出发，做出合情合理的解释。

切忌在解释的时候，把责任全部推到不会跟客户直接电话联系的同事或者部门身上，因为他们其实和你一样都是代表的你的公司。

3. 提出解决方案阶段

事情既然已经发生了，就必须坦然去面对它，解释也解释过了，总该给客户一个处理的结果，而这个结果就是由我们提出的解决方案。在提出解决方案之前，要尽可能先搞清楚客户对于投诉处理的最低底线是什么，尽可能维护企业的利益，但是同时又能使客户满意。

很多时候，解决方案可以是给予客户精神上的某些东西，而这些是远远比物质的东西更重要的！还有更好的办法就是，给予客户的是能够促成客户下次购物的一些物质补偿，这样一来，客户下次还会继续购买，从投诉顺便转变为销售，而很多客户之所以投诉也是对企业有信心的。

4. 回访阶段

事实上，有过投诉的客户，假若得到了妥善的处理，往往也是最容易成为稳定老客户的群体，千万不能轻易放弃。

如果客户对于投诉还有不满，则必须马上采取相应的补救措施，协同其他部门一起，最终完善处理该客户的投诉。

5.9 案例分析

飞翔体育的电子商务事业部总经理孔飞认识到了客服团队建设的重要性，经过团队的多次讨论，并参考了众多成熟电子商务企业的成功经验，决定采取如下改革措施。

（1）成立独立的客服部，下设售前、售后两个工作组。

（2）制定客服规范的培训流程。

① 岗前培训，包括公司文化、制度、电子商务基础、客服礼仪等。

② 基础培训，包括客服类淘宝规则、淘宝后台、基础工具使用与快捷操作、产品培训。

③ 专业培训，包括售前、售后流程培训、技巧培训。

④ 提升培训，包括模拟练习、案例分析、老带新。

（3）优化客服流程。

① 售前→售后流程。

② 快递查件流程。

③ 售后→仓储退换货→财务流程。

④ 运营活动→客服获取信息流程。

⑤ 活动准备流程。

（4）制定 KPI 绩效考核。

六大考核指标如下。

① 营业额。

② 询单到最终付款成功率。

③ 客单价。

④ 协助跟进人数。

⑤ 旺旺回复率。

⑥ 响应时间。

孔飞计划用 2 个月的时间把上述措施在公司推行完毕，人才招聘工作已经委托 HR 部门开始招聘，培训课程的开发、工作流程的梳理、绩效考核体系的制订都已开始落实。孔飞期待在下半年即将来临的销售旺季，他的团队能创造新的业绩记录

电子商务当中，客服担当着非常重要的作用，客服的服务做好了，销售额自然就来了，回头客也就多了。现在我们花了很大的心思在推广上，为了获得流量费尽千辛万苦，结果到头来，发现流量转化率低下，投诉、退货率高，最终资金都是白白浪费了。或者每次都得需要通过各种促销手段，花上巨大的成本拉拢新客，形成最终的成交，而这些新客却没有成为重复购买的老客户。这些问题，其实通过优质的客服都是能够解决的！

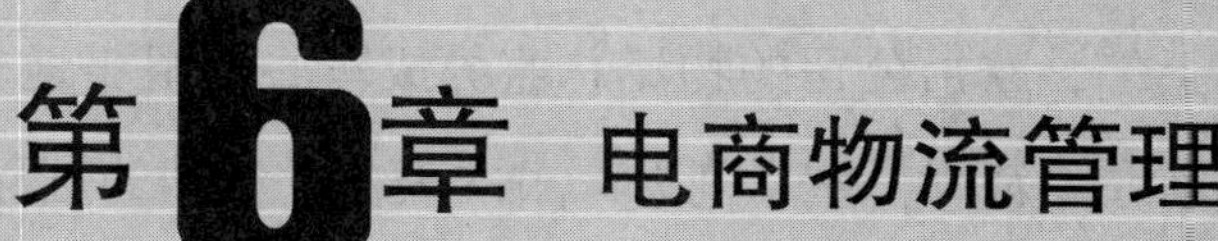

第6章 电商物流管理

电子商务是一场渠道的革命，这场革命源自渠道效率的大幅度提升，而效率源自信息流、物流、资金流的高速运转。电子商务企业的仓储物流管理是企业运营的核心工作，是效率的集中体现。

本章学习目标

知识目标

□电子商务物流（以下简称“电商物流”）的目标
□仓储的布局和功能划分
□物流的工作流程分解
□岗位职责和考核标准

技能要点

□理解电商物流的重要性和工作目标
□熟悉电商物流仓储的标准布局和工作流程
□初步掌握各岗位的工作要点和基本技能

场　景

上午，欧帛公司的物流总监吴成军心情沮丧地坐在自己的办公桌前，回想起 20 分钟前在总裁办公室，刘总严肃的表情、激烈的言辞，心情依旧难以平复。

欧帛是一家专营韩式女装的电子商务公司，吴成军在这家公司已经工作一年多了，开始在采购部，随着业务的发展，深得刘总信任的吴成军在 2011 年圣诞节促销活动开始前，临危受命，成为公司的物流总监。凭借认真负责的态度和吃苦耐劳的精神，帮助公司跨过了 100 单 / 天、300 单 / 天两道业务关口。

对一家电子商务公司来讲，最近欧帛公司形势喜人，每月订单量都在以 30% 的速度上升。3 月份之前公司每天平均要处理的订单数是 300 单，3 月份公司开始新的运营策略，设立了天猫旗舰店，产品线从 3 条增加到了 6 条，市场推广预算增加了 2 倍。5 月份，每天的订单数已经增加到 700 单 / 天。

但对于吴成军来说却是噩梦的开始，桌上是运营部的月度运营状况报告：订单缺货率 23%，货物错发率 12%，货物未及时送达率 30%，物流投诉增加 3 倍。而物流部内部，加班已经成为常态，员工疲惫不堪，怨声载道。

在刘总办公室，严厉的谈话过后，刘总给他的任务是，一周内拿出解决方案，1 个月内进行整改，2 个月后物流仓储部能够适应公司快速成长的业务状态。

吴成军陷入沉思，回想公司一路走来的经历，思索问题的症结到底在哪里。

6.1　电商物流管理的目标

仓储物流的职能中，“流动”是核心，“存储”只是解决供给与需求时间上的不匹配而采取的手段。电子商务企业仓储物流部门的任务就是用最合理的成本、最合理的时间，把商品准确、完整地送达客户手上。

为了保障这个任务的实现，需要对仓库及仓库内的物资所进行高效率的管理。物流管理是指在市场经济活动中，根据物资流动的规律，应用管理的基本原理和科学方法，对仓储物流活动进行计划、组织、指挥、协调、控制和监督，使各项活动实现最佳的协调与配合，以降低物流成本，提高物流效率和经济效益。

电商物流管理具有以下 5 个子目标，简称“5S 目标”。

（1）优质服务（Service）：无缺货，无损伤和丢失现象，且费用便宜。

（2）迅速、及时（Speed）：按用户指定的时间和地点迅速送达。

（3）节约空间（Space Saving）：发展立体设施和有关的物流机械，以充分利用空间和面积，缓解城市土地紧缺的问题。

（4）规模适当（Scale Optimization）：物流网点的优化布局，合理的物流设施规模、自动化和机械化程度。

（5）合理库存（Stock Control）：合理的库存策略，合理控制库存量。

为实现电商物流的 5S 目标需要以下手段的配合。

1. 信息化

电子商务时代，物流信息化是电子商务的必然要求。物流信息化表现为物流信息收集的数据库化和代码化、物流信息处理的电子化和网络化、物流信息传递的标准化和实时化、物流信息存储的数字化等。因此，条码技术（Bar Code）、ERP 系统、WMS 系统在电商物流中被普遍应用。

2. 自动化

自动化的核心是机电一体化，自动化的外在表现是作业过程无人化，自动化的效果是增强物流作业能力、提高劳动生产力、减少物流作业的差错等。物流自动化的设施非常多，如条码 / 语音 / 射频自动识别系统、自动分拣系统、自动存取系统、自动导向车、货物自动跟踪系统等。物流自动化投资巨大，目前国内采用 DPS 的企业只有寥寥数家，如博库书城网（浙江省新华书店集团）、东方 CJ 等。

3. **柔性化**

柔性化是为了实现“以顾客为中心”理念而在生产领域提出的，电子商务消费具有更大的不确定性，任何对未来销售数据进行预测的方法手段都是有较大误差的，所以根据消费者需求的变化来灵活调节仓储物流，没有柔性化的物流系统是不可能达到目的的。

柔性化的物流正是适应生产、流通与消费的需求而发展起来的一种新型物流模式。这就要求物流配送中心要根据消费需求“多品种、小批量、多批次、短周期”的特色，灵活组织和实施物流作业。

6.2 电商物流仓储布局及功能区划分

电子商务仓储的功能核心重在“流动”而非“储藏”，电商物流管理的最高境界就是货物的周转率越高越好，快进快出，货物的停滞就是资金的停滞，会占用企业大量资金，增加运营成本。

仓库的布局跟网店或者公司的实际需求和大小有很大关系，以下为日出货量 500 单以上客户的仓库布局设计图。从进货到仓库开始，卸货、收货、备货、拣货、质检、发货等一系列的工作流程，基于快速流动的目标，仓库的功能分区如图 6–1 所示。

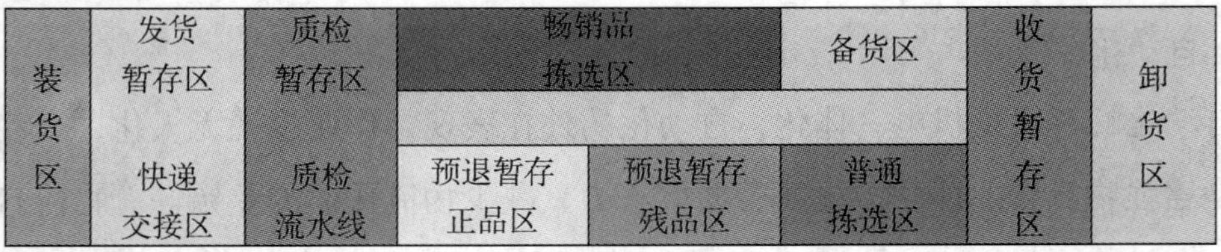

装货区
发货暂存区
快递交接区
质检暂存区
质检流水线
畅销品拣选区
备货区
预退暂存正品区
预退暂存残品区
普通拣选区
收货暂存区
卸货区

图 6–1　仓库的功能分区

1. **卸货月台**

月台，顾名思义，就是仓库大口外侧的一个上沿与货运车箱下沿基本平行的平台，便于人员、转运车直接进出及车辆卸货。当然，对于日出库量少于 1 000 单的商家而言，有无月台并无大碍。对日出库量 3 000 单以下的商家而言，卸货和出库月台合用一个即可。

2. 收货区

QC(质检员)和收货人员的工作区域一般紧挨着仓库门口；供应商携带 PO 单到此投单，等待 QC 与数量盘点，并取回盖章的 PO 单作为收货凭证。

3. 暂存区

完成入库流程的商品，贴上对应商品条码标贴，等待上架时的临时放置区。

4. 存储区

根据商品特征，在不同的储位上架。

普通库：分为货架区与置地区，小件商品一般上货架，而大件商品或者出库量大的商品，直接存放在托盘上，减少不必要的搬运作业。

恒温库：放置对温度，湿度有一定要求的商品，如食品、化妆品等。

贵重品库：通常放置价值量高的商品，如珠宝类、奢侈商品类、单价高的 3C 产品等。

5. 作业区

在存储区完成抓货、捡货后，进行出库检核，配打发票，装箱打包，张贴快运单据的地方。

6. 发货暂存区

包装完毕待运货物暂存及和物流快递公司核对数量、扫描、签字交接的地方，紧邻仓库门口。

7. 装货月台

物流快递公司货车完成装货的区域，可以与卸货月台使用同一区域，当进出货物量增大时，建议分开卸货及装货作业区域，以免造成作业冲突。

6.3 电商物流工作流程解析

电商物流工作的流程如图 6–2 所示。

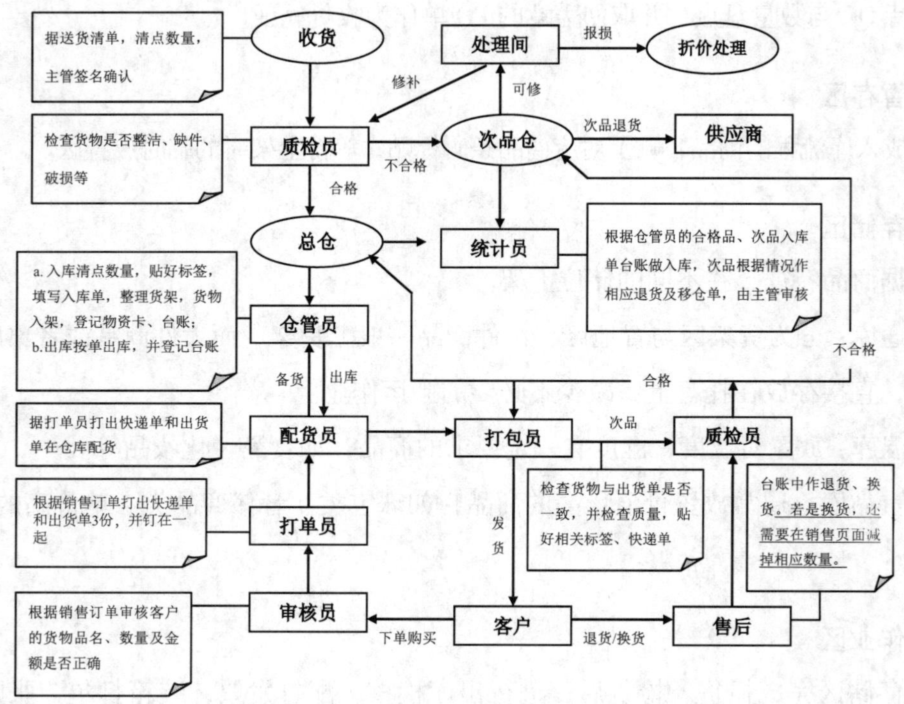

图 6–2 电商物流工作流程

下面对电商物流工作流程进行详细分解。

1. 收货

（1）流程介绍。

收货工作是仓库商品管理的源头，把好收货关能减少很多后续问题。

收货需要事前管理，从市场部制定促销活动计划到仓库将商品发出，其中间多个环节应有严格计划，各环节负责部门应在规定时间内配合做好规定的工作。即市场部门提前做好活动方案、预测销售数量，采购部进行采购、供应商及时送货，各个环节执行应严格控制，并提早准备，预留容错时间，以免某个环节耽搁整个活动的进度。

例如，当需要进行情人节促销时，市场部活动方案久拖不决，使得采购部最后匆忙下单，供货商匆忙备货。当情人节临近，货物无法及时入库，网站烧钱引来流量，却无货可卖。货物终于到了，由于抢时间，使得收货流程简化，质量标准降低，有质量隐患商品进入仓库，当这些商品进入销售流程，会带来更多的后续问题。

收货分采购收货和退换收货，两种收货在操作上略有区别。

（2）采购收货。

① 采购部在某批次采购合同生效时。及时将采购商品的供应商、运输商、商品种类、商品总件数、预计到货时间等信息通过 OA 通知给仓库统计文员，仓库将根据到货计划做好入库工作安排。

② 库房人员根据到货计划做好仓库货位调整以确保商品及时上架。

③ 当商品到库房进入收货区，仓库人员应及时做好收货工作，内容包括：

a. 确认供应商、确认采购人员交待其他事项。

b. 检查商品外包装无破损、无污染、商品标识符合相关行业要求，是否附带有产品相关质检报告单等随同附件。

c. 确认商品名称、规格、数量与收货单相符。

d. 抽查商品内部数量及检查质量确保无异常，开箱商品必须用抽检封箱签封箱，并加盖抽检专用章。

e. 检查商品编码正确性，如果入库商品没有使用国际码，那么贴自有条码将会变成一项浩大的工程。要知道，这条码可是每件商品都需要贴的。要么打印好标贴，把这个工作量转移给供应商，要么就迫使供应商采用国际码。

④ 收货过程中出现疑问应及时向相关人员或上级主管沟通、汇报，不可擅自处理。收货人员应填写的收货单据如图 6-3 所示。

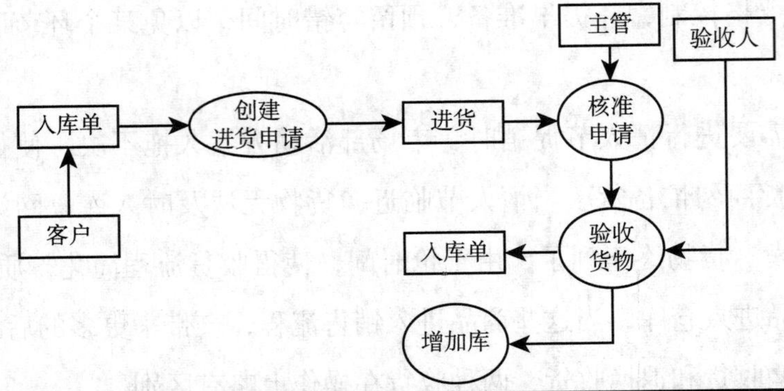

<table>
<tr><td colspan="3">类　　别</td><td colspan="2">申请号码</td><td colspan="2">厂商名称</td><td colspan="2">约交日期</td><td colspan="2">收货日期</td><td>统一发票号码</td></tr>
<tr><td colspan="3">□材料 □半成品 □成品</td><td colspan="2"></td><td colspan="2"></td><td colspan="2"></td><td colspan="2"></td><td></td></tr>
<tr><td rowspan="2">项次</td><td rowspan="2">订单号码</td><td rowspan="2">品名规格</td><td rowspan="2">材料编号</td><td rowspan="2">申请数量</td><td rowspan="2">单位</td><td colspan="2">实收</td><td rowspan="2">单价</td><td rowspan="2">金额</td><td rowspan="2" colspan="2">累计数量</td></tr>
<tr><td>数量</td><td>件数</td></tr>
<tr><td></td><td></td><td></td><td></td><td></td><td></td><td></td><td></td><td></td><td></td><td colspan="2"></td></tr>
<tr><td></td><td></td><td></td><td></td><td></td><td></td><td></td><td></td><td></td><td></td><td colspan="2"></td></tr>
<tr><td>说明</td><td colspan="3"></td><td>检验结果</td><td colspan="3"></td><td>收货部门</td><td>部门</td><td colspan="2"></td></tr>
</table>

图 6–3　收货单据

⑤ 收货完毕，于送货单上加盖收货专用章，待上架商品堆放整齐，做好收货环境整理、清扫工作。

（3）退换收货。

① 统计文员在签收顾客退回包裹前，应首先查看是否有客服部批准的退货申请单。有则签收后通知收货人员收货。若无退货申请单则作拒收处理。

② 收货人员应检查商品质量、外观，对照是否与退回原因相符，电器类产品查看是否有厂家指定售后公司提供的商品检测报告。

③ 收货完毕，将退货单粘贴至退回商品外包装上，并作退回收货登记，退换货流程及退换货表单如图 6–4 所示。

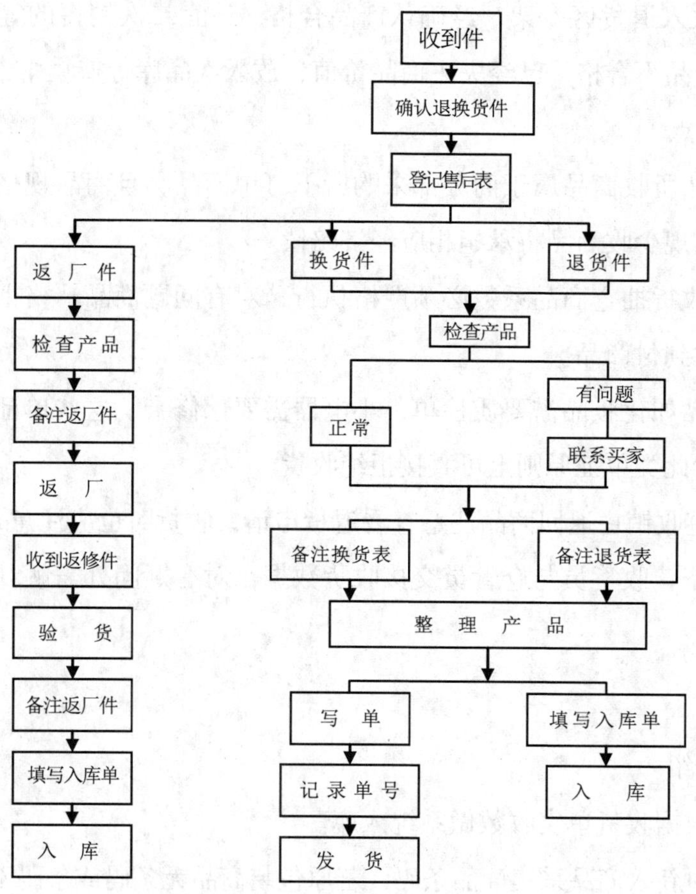

退换货登记表

<table>
<tr><td>原商品货号</td><td>尺码</td><td>颜色</td><td colspan="4">退货原因</td></tr>
<tr><td></td><td></td><td></td><td colspan="4" rowspan="3">□尺码偏大 □尺码偏小 □款式不喜欢 □颜色不喜欢
□质量问题 □发错货物 □色差
□尺码与网上不符（偏大） □尺码与网上不符（偏小）
□其他</td></tr>
<tr><td></td><td></td><td></td></tr>
<tr><td></td><td></td><td></td></tr>
<tr><td>原商品货号</td><td>尺码</td><td>颜色</td><td>需换商品货号</td><td>尺码</td><td>颜色</td><td>换货原因</td></tr>
<tr><td></td><td></td><td></td><td></td><td></td><td></td><td rowspan="3">□尺码偏大 □尺码偏小
□款式不喜欢 □发错货物
□颜色不喜欢 □质量问题
□尺码与网上不符（偏大）
□尺码与网上不符（偏小）
□色差 □其他</td></tr>
<tr><td></td><td></td><td></td><td></td><td></td><td></td></tr>
<tr><td></td><td></td><td></td><td></td><td></td><td></td></tr>
</table>

图 6-4 退换货流程及表单

退回商品放入退货区专架，经确认产品合格，适宜二次销售的等待仓管员重新入库上架，若产品不合格，已经失去商品价值，放入次品库等待集中给供货商退货。

（4）工作要点。

① 务必确认所收商品属于商务部采购所下订单商品，且商品规格、数量符合订单要求。对于出现少收商品将承担相应经济赔偿。

② 对采购收货抽查商品系数必须严格执行，对有问题商品严格把关，不得通融放行。库房拒收到付商品。

③ 部分商品如化妆品需要质检单，小电器需要保修卡，这些单证必须与商品随同收货，如缺少此类单证原则上可直接拒绝收货。

④ 收货员签收销售退回商品注意查看退货申请，收货时也应注意开箱验货。

⑤ 收货完毕，收货员与仓管员交接收货数据，对有疑问处需解释清楚，必要时用笔记录标注。

2. 入库

（1）流程介绍。

① 统计员根据收货单实收数做系统入库。

② 统计员对新入商品采集商品条码，若原包装商品无条码或条码不能识别，需准备好内部条码（商品内部码）及时交付仓管员贴在相应商品包装上。

③ 打印上架单交付仓管员对待入库商品实物上架。

（2）工作要点。

① 确认录入商品、规格、数量与实收相符，确保准确录入商品条码。

② 统计员必须严格按照内部编码规则编制商品内部码，确保商品内部码不混乱、不重复，条码文件分类有序。

3. 上架

（1）流程介绍。

①仓管员根据上架单对商品上架。

货架编码规则：

货架货位编码一般为6位，第1、2位为仓库顺序号；第3位为英文字母，表示排顺序号；第4、5位为数字，表示列顺序号；第6位为数字，表示货架层顺序号。

例如，第02号仓库，第H排，第12列，第7层的货位编码为02H127。

② 商品上架位置优化。

a. 活动商品、赠品优先考虑放置靠近验货台货架。

b. 畅销商品（周转率高者）优先考虑位于等腰高位置的第二、三层，滞销商品尽量远离验货台（区）及货架较高的位置。

c. 库区实物货位调整，需登记上报货架号及时配合统计员进行系统货位调整。

（2）工作要点。

① 上架人员除应遵守货架编码规则外，还应遵守先进先出规则，下重上轻的原则，即在商品上架时原有商品放置于货架外侧，新入商品放置于货架里侧。重的商品放在下部，轻的商品放在上部。需要批次管理的商品（如保质期较短的食品、生鲜、化妆品等），还要为不同的批次设置不同的库位。

② 上架中如有货位调整，必须及时登记交统计员进行系统货位调整。

4. 管理

（1）流程介绍。

管理工作是仓储环节中的重要一环，通过养护以确保商品在储存过程中质量安全。管理工作包括对库房环境管理、对储存商品管理、对库房设备管理。

① 根据5S库房管理要求对库房及商品整理、整顿、清洁、清扫。

卫生制度执行要求：

- 各自工作平台每日清洁。
- 库区环境卫生每日清扫。
- 每星期一次全库房大扫除。

商品摆放环境要求：

- 商品不得直接置于地面，需保持离地面≥ 10 厘米；
- 商品不得直接接触墙面，需距离墙面≥ 50 厘米；
- 商品运输通道（主道）保持在≥ 150 厘米，拣货通道（辅道）保持在≥ 80 厘米；
- 商品不得受阳光直射，库房湿度控制在 75% 以下。

② 在对商品整理过程中，发现不良商品应及时清理并通知统员做相关登记。

③ 收货区、备货区、退货区、次品区、发货区分区明晰，严禁各区商品混放。

④ 库房及商品安全检查。定期检查消防设施及库房水电安全，保持消防通道畅通。

⑤ 储存位商品、贵重商品登录货位卡，记录进出信息重点管理。

⑥ 严禁无关人员随意出入库房，个人物件及包不得带入库房。

⑦ 周期性商品抽查盘点。

⑧ 定期编制滞销商品催销表并传送相关部门及领导。

（2）工作要点。

① 注意控制人员出入，库房严禁烟火。

② 商品对应货位务必准确，严禁商品混放。

③ 注意防范库区各种安全隐患，积极上报、处理养护过程中出现问题。

④ 遇有客服反馈某商品存在质量问题，库房人员应及时对此商品进行开箱抽检，如确属批量质量问题应紧急通知统计员或上级主管，经复核确认通知运营部下架商品。

5. 出单

（1）流程介绍。

出单工作不能单纯地理解为订单打印，还包括订单筛选、审核、突发系统软硬件系统问题的解决等。

① 灵活按区域、时段分配快递订单派送量，并及时根据业务要求调整订单派送。

② 打单员依照不同要求，如拣货方式、付款方式、地域要求，进行筛选打印订单。

③ 订单打印完毕，应作订单打印记录。

④ 在遇订单量大时应按时间先后交付拣货员发货，以确保订单生成早发货在先的原则，同时适当控制发货速度。

（2）工作要点。

① 应及时刷新系统将系统生成订单打印出来，禁止出现系统积压订单。

② 订单打印及时完成系统出库、禁止出现重单。

③ 及时解决打印过程中出现的系统、机器故障。

6. 配单

（1）流程介绍。

① 审核单据是否打印清晰，单据中是否有已知的缺货品种，单据中商品的布局（设定配单路线）。凡对订单有任何疑问，都须向打单员提出。

② 配单应遵守先打先配、先进先出、按单发货原则。

③ 对配货过程中发现商品质量问题，应及时向统计员提出，对问题商品作相应处理。

④ 配货过程，对已拣取商品应集中摆放，对拣错商品应及时放回原位。

⑤ 配货完毕及时做好库房整理工作。

（2）工作要点。

① 配单人员应妥善保管配货单，避免出现遗失。

② 除正常配货单外，配货人员应严格审核一切手工单（如借条、手工补寄单），对单据有疑问，有权利拒绝配货。

③ 配单人员应按流程严格操作，避免因操作失误，增加验货工作任务。

④ 当日订单当日完成配单出库。

7. 验单

（1）流程介绍

① 验单工作是仓库控制商品质量最后一道关口，验货前，先清除物管物品或商

品，保持验货台面整洁。

② 熟练操作扫描工具，准确扫入相关条码信息。

③ 通过目测、手感检查商品质量。

④ 商品扫描如无法通过（如商品条码无法录入、商品条码与商品不符），将整单商品转移给配货员处理，已扫描部分数据恢复到初始状态。

⑤ 商品扫描全部通过，打印商品装箱单、发票。

⑥ 验单完毕应将商品装入周转箱整齐摆放。

（2）工作要点。

① 确保商品与订单相符，对商品出库准确性负全责。

② 为商品质量把好最后一道关。

③ 注意装箱单、发票打印操作，避免出错。

8. 包装

（1）流程介绍。

① 包装前，保持打包台台面整洁、工具摆放有序。

② 依据商品性状，选择相应大小纸箱和相应的填充材质。

③ 填充物应围绕商品四周，填充时不能偷工减料。大型、重质商品应做到稳固不晃动。

④ 商品封箱严实，贴好封箱标签。如有发票、装箱单、DM（宣传单）等，务必打入包裹。

⑤ 对商品进行称重，并标注。

⑥ 对完成包装商品按不同物流快递公司，置于发货区分开摆放。

（2）工作要点。

① 注意保持台面整洁，逐单包装，避免商品混乱而造成错误包装，严禁出现贴错单现象。

② 接到包裹是客户与公司第一次直接接触，包装质量直接影响客户体验，影响

重复消费，务必重视商品包装。

③ 注意商品称重，此关系到与物流快递公司是费用结算。

④ 针对物流快递业货物周转次数高、装卸粗暴的现状，对商品的包装要充分考虑安全性，对容易造成物流损坏的商品，包装员应着重加固包装。

9. 出库

（1）流程介绍。

出库关系到仓库与物流快递公司间包裹交接、安全、物流费用控制等问题。根据配送区域，是否需要代收货款等情况将不同的订单交指派给不同的物流快递公司。

① 快递公司取件时间一般分三段：中午 12 点左右，下午 6 点左右，夜间 9 点左右。每段时间快递取件应有区间记录。

② 发货负责人员负责与快递公司核对包裹出库数量。

③ 发货员如发现数据不相符，打单员应配合配货员查明具体原因。

④ 导出当日发货数据（仅限当日出库订单 ID）交给快递公司。

⑤ 统计员统计当日发货重量，该项数字将成为与配送公司对账的基础。

（2）工作要点。

① 打单员监督核对出库包裹数量务必真实、准确。

② 货到付款包裹须着重仔细检查并核对数量。

10. 退换货（RMA）

（1）流程介绍。

正常的出入库流程只需严格按照操作流程和各类指示单，做好现场管理，避免人为差错，内部可控性很高，而退换货管理则要复杂得多。

①统计文员在签收顾客退回包裹前，应首先查看是否有客服部批准的退货申请单。有则签收后通知收货人员收货，若无退货申请单则作拒收处理。退换货一般都由客服发起，仓储财务执行，然后客服反馈给消费者，环节多，流程长，容易扯皮推诿。

② 收货完毕，将退货单粘贴至退回商品外包装上，并作退回收货登记，退回商

品放入退货区专架。然后，收货人员应检查商品质量、外观，对照是否与退回原因相符，电器类产品查看是否有厂家指定售后公司提供的商品检测报告。经确认产品合格，适宜二次销售的等待仓管员重新入库上架，若产品不合格，已经失去商品价值，放入次品库，可退回供应商的还要联系采购部门打包运回。

③积极配合财务部门处理退换货，相当比例的 RMA 还会涉及快递到付，退款、换货引起的差价补偿，参与促销活动的订单部分退款计算，这些都需要与财务一一沟通执行。

（2）工作要点。

退换货的发生已经给客户造成了不好的体验，因此统计员需要及时处理、审核、跟踪退换货案件，库房其他人员应当积极配合处理退换货，与客服部门、财务部门及时沟通，尽快满足客户要求。

6.4 相关岗位职责及考核办法

1. 电商物流部组织架构

（1）QC 组（负责质量检查、数量核对、标签和配件检查）。

（2）订单组 (负责订单生成、打印、核对、交接及快递单事务)。

（3）入库组（负责分类、包装、入库、盘点)。

（4）商品管理组（负责上架、抓货、移库、盘点)。

（5）出库组（负责分拣、包装、贴快递单、打包、交接物流)。

（6）退货组 (负责退换货事务)。

2. 电商物流部考核标准

（1）QC 组。

① 质检出错率。

② 质检完成率。

③ 5S 执行情况。

（2）订单组。

① 订单出错率。

② 订单及时完成情况。

③ 配货单完成情况。

（3）入库组。

① 入库完成率。

② 盘点数量差错率。

（4）商品管理组。

① 商品上架完成率。

② 配货完成率。

③ 配货出错率。

（5）出库组。

① 商品发错率。

② 出库完成率。

③ 包装问题投诉、退货率。

（6）退货组。

① 退货完成率。

② 客户满意率。

6.5 仓库信息管理系统

1. 仓库信息管理系统的应用价值

仓库管理系统 (Warehouse Management System，WMS) 是通过入库业务、出库业务、仓库调拨、库存调拨和虚仓管理等功能，综合批次管理、物料对应、库存盘点、质检管理、虚仓管理和即时库存管理等功能综合运用的管理系统。该系统可有效地控制并跟踪仓库业务的物流和成本管理全过程，实现完善的企业仓储信息管理。

企业仓库管理系统是一款标准化、智能化过程导向管理的仓库管理软件，它结合了众多企业的实际情况和管理经验，能够准确、高效地管理跟踪客户订单、采购订单及进行仓库的综合管理。使用后，仓库管理模式发生了彻底的转变。从传统的“结果导向”转变成“过程导向”；从“数据录入”转变成“数据采集”，同时兼容原有的“数据录入”方式；从“人工找货”转变成了“导向定位取货”；同时引入了“监控平台”让管理更加高效、快捷。

WMS给用户带来了巨大效益。主要表现在以下几点。

（1）数据采集及时、过程精准管理、全自动化智能导向，提高工作效率。

（2）库位精确定位管理、状态全面监控，充分利用有限仓库空间。

（3）货品上架和下架，全智能按先进先出自动分配上下架库位，避免人为错误。

（4）实时掌控库存情况，合理保持和控制企业库存。

（5）通过对批次信息的自动采集，实现了对产品生产或销售过程的可追溯性。

更为重要的是，WMS促进了企业管理模式的转变，使之从传统的依靠经验管理转变为依靠精确的数字分析管理，从事后管理转变为事中管理、实时管理，加速了资金周转，提升了供应链的响应速度，这些必将增强企业的整体竞争能力。

2. WMS系统功能简介

（1）货位管理。

采用数据收集器读取产品条形码，查询产品在货位的具体位置（如×产品在A货区B货道C货位），实现产品的全方位管理。

通过终端或数据收集器实时地查看货位货量的存储情况、空间大小及产品的最大容量，管理货仓的区域、容量、体积和装备限度。

（2）产品质检。

产成品包装完成并粘贴条码之后，运到仓库暂存区由质检部门进行检验，质检部门对检验不合格的产品扫描其包装条码，并在采集器上作出相应的记录，检验完毕后把采集器与计算机进行连接，把数据上传到系统中；对合格产品生成质检单，由仓库保管人员执行生产入库操作。

（3）产品入库。

从系统中下载入库任务到采集器中，入库时扫描其中一件产品包装上的条码，在采集器上输入相应的数量，扫描货位条码（如果入库任务中指定了货位，则采集器自动进行货位核对），采集完毕后把数据上传到系统中，系统自动对数据进行处理，数据库中记录此次入库的品种、数量、入库人员、质检人员、货位、产品生产日期、班组等所有必要信息，系统对相应货位的产品进行累加。

（4）货物捡配。

根据不同的订单生成的配货清单包含非常详尽的货物信息，包括品名、数量、货位等，相关配货人员在拣货时可以扫描商品条码信息自动形成预警，对错误的商品和数量信息都可以进行预警提示，极大地提高了仓库管理人员的工作效率。

（5）产品出库。

产品出库包括订单校验、订单打包、出库交接。仓库保管人员对按订单分拣好的商品，进行扫描（如果商品错误则采集器进行报警），校验无误后，进行包装，并与快递公司交接。

（6）仓库退货。

根据实际退货情况，扫描退货物品条码，导入系统生成退货单，确认后生成退货明细和账务的核算等。

（7）仓库盘点。

根据企业的制度，在系统中根据要进行盘点的仓库、品种等条件制定盘点任务，把盘点信息下载到采集器中，仓库工作人员通过到指定区域扫描产品条码输入数量的方式进行盘点，采集完毕后把数据上传到系统中，生成盘点报表。

（8）库存预警。

仓储环节可以根据企业实际情况为仓库总量、每个品种设置上下警戒线，当库存数量接近或超出警戒线时，进行报警提示，及时地进行生产、销售等的调整，优化企业的生产和库存。

（9）质量追溯。

此环节的数据准确性与之前的各种操作有密切关系。可根据各种属性如生产日期、品种、生产班组、质检人员、批次等对相关产品的流向进行每个信息点的跟踪；同时也可以根据相关产品属性、操作点信息对产品进行向上追溯。信息查询与分析报表在此系统基础上，可根据需要设置多个客户端，为不同的部门设定不同的权限，无论是生产部门、质检部门、销售部门、领导决策部门都可以根据所赋权限在第一时间内查询到相关的生产、库存、销售等各种可靠信息，并可进行数据分析。同时可生成并打印所规定格式的报表。

6.6 电商物流重要术语和知识点

1. QC

QC 即英文 Quality Control 的简称，中文含义是品质控制，又称质检，即对产品进行一个初步的检验，排除质量问题。

2. SKU

SKU 即英文 Stock Keeping Unit 的简称，即库存进出计量的单位，可以是以件、盒、托盘等为单位。保存库存控制的最小可用单位。

3. 3PL

3PL 即第三方物流（Third Party Logistics），在电子商务行业则指快递公司或配送公司。

4. 商品编码

商品编码是指用一组阿拉伯数字标识商品的过程，这组数字称为代码。是商品进入仓库中的唯一数字身份证，从正规厂家采购的产品都会有一个全球通用、唯一的商品编码，也可以根据产品特征自己编制一套商品编码。

5. 商品条码

商品条码是由一组按一定规则排列的条、空及对应字符（阿拉伯数字）所组成的用于表示商店自动销售管理系统的信息标记或者对商品分类编码进行表示的标记。

6. 统仓与分仓

所谓统仓，就是所有订单统一从一个仓库发货，分仓是指多个仓库同时发货。

分仓的优点是大大地缩短了运输公里数，并间接降低了3PL（第三方物流）的包裹换手率，因此货损和到货时间明显下降，改善了用户体验。但分仓的管理信息系统远比统仓要复杂的多，需要较强的技术开发力量。

7. 实际库存

实际库存是仓库中的实际库存量。

8. 虚拟库存

虚拟库存又叫前台库存，即网站前台展示的库存数量，是电子商务行业特定属性的产物。日常操作中，经常有消费者在下单后可能不会付款，商品不做实际出库操作，但是前台页面库存数已减少，为了不影响前台页面展现的库存量，需要设置一个虚拟库存。

9. 库存预警

库存预警是指设置一个库存警戒线，当仓库实际库存到达库存境界线的时候就会提醒补货。库存警戒线设置可参照该商品平时销售情况考虑。

10. 先进先出

先进先出（FIFO）即先入库的产品优先发货出库，采用先进先出的管理方式，可防止物料由于长时间储存而发生质量变化。

11. 库存周转率

库存周转率（Inventory turn over，ITO）是一种衡量材料在工厂里或是整条价值流中，流动快慢的标准。最常见的计算库存周转率的方法，就是把年度销售产品的成本（不含销售费用及管理费用）作为分子，除以年度平均库存价值。因此，库存周转率＝年度销售产品成本 / 当年平均库存价值。

12. 供应链管理

供应链管理（Supplier Relationship Management，SRM）是企业供应链（Supply Chain）上的一个基本环节，它建立在对企业的供方（包括原料供应商，设备及其他资源供应商，服务供应商等）及与供应相关信息完整、有效的管理与运用的基础上，对供应商的现状、历史，提供的产品或服务，沟通、信息交流、合同、资金、合作关系、合作项目及相关的业务决策等进行全面的管理与支持。

6.7 企业案例

欧帛公司的吴成军和他的团队对物流中心近期出现的问题进行了总结分析，得出结论如下：公司现有的订单管理和仓储管理模式已经无法满足现阶段公司业务的增长，原始的手工操作亟待升级。

吴成军在 2 周内走访了业内多家知名电子商务公司，对这些企业的物流仓库进行了深入调研。兄弟企业设计合理的仓库格局、信息化的仓库管理、流程化的管理模式，每天处理数千笔订单，仍游刃有余。所闻所见，让他极为震撼，痛定思痛，整改是必须的了。

结合公司当前情况及未来 3 年的发展预估，团队决定引入 WMS，在仓储、订单等环节实施标准的流程化管理。

1. 仓储管理

公司租下一个相当于现有仓库面积三倍的标准仓库，并对仓库布局进行了合理规划。对存储意义的“储备仓”和分拣销售的“架仓”及存放散货商品的小仓进行了区分。对库位进行了严格的编码控制。

在入库操作中，通过商品条码和扫描枪，将包括库位、SKU、价格、数量、采购日期等商品信息录入系统，此时库存数量和库位信息实现了实时更新。解决了系统超卖的老大难问题，还同时解决了订单发货阶段捡货满仓找货的问题，提高了发货速度。

商品入库环节对储备仓、架仓、小仓的分区存放有不一般的价值，这对减少超卖缺货、优化拣货路径、提高发货速度起到了很大的作用。

2. 订单管理

引入系统在订单管理上也带了质的提升，淘宝的API接口打通后，实现了同步下载订单到系统，通过库存定位实现了汇总拣货。订单操作的分解细化使得订单管理实现流程化，如图6–5所示。

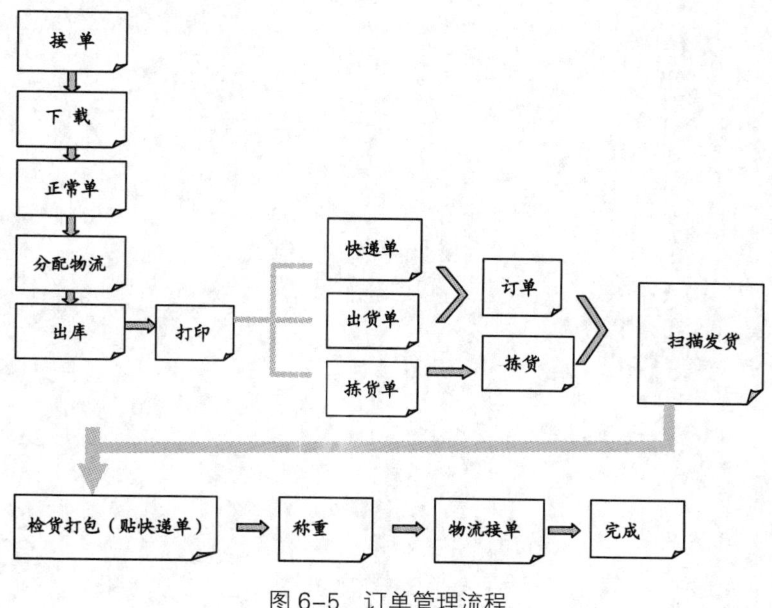

图6–5 订单管理流程

新的系统应用后，经过一个月的磨合，就迎来了 2011 年双 11 大促。

公司日订单突破历史记录达到 3 000 单。吴成军和他的团队只用 2 天就发货完毕，物流中心的表现让公司高层非常满意。仓库管理系统的引入功不可没，吴成军暗自庆幸。

第7章 市场推广

网络突破了地域的限制，让每一个电子商务企业潜在的客户变得非常庞大，身边无数快速成长的企业也证明了这种可能。这就是电子商务的魅力所在。但网络同样让竞争对手变得近在咫尺且数量庞大。如何让数量巨大的潜在客户找到你成为取胜的关键，这就是人们对网络营销推广的期待。

互联网发展初期，网络上信息贫乏，一些公司产品信息一上网马上会引起很多关注，像阿里巴巴创始人马云最初在网上挂出的翻译社网页，刚挂出不久就很快有询盘的故事，如今早已成为历史。淘宝集市目前入驻的店铺有 500 万家，想象一下，如何在这 500 万家店铺中让客户找到你?

我们需要精心设计营销推广活动，让我们在众多的对手当中脱颖而出。

本章学习目标

知识目标

□市场推广的概念
□市场推广的流程
□市场推广的途径和方法
□淘宝店铺推广工具介绍

技能要点

□能够设计完成营销推广方案
□能够执行各类营销推广工作

场 景

杭州亿超电子商务有限公司，是一家通过网上电子商务平台与眼镜实体体验店相结合的创新型眼镜零售企业。

亿超公司销售模式多元化，既有独立 B2C 网站、天猫专营店、淘宝集市店，又在京东商城、当当网开设专卖店，同时在杭州、宁波、上海拥有四家实体体验店。

对公司的运营总监来说，市场推广变成了一件巨大的难题。有限的广告预算与多渠道全网营销目标的矛盾，品牌建设与冲量促销的矛盾，线上渠道与线下渠道的矛盾，这些都是难以处理的困扰。

7.1 市场推广流程解析

市场推广是电子商务网站获得持续流量的重要手段，市场部的职能简单来说，就是进行“揽客”。市场部负责对外的合作、推广和宣传工作，包括搜索引擎营销、EDM 营销、网站合作、媒体合作、新闻炒作、口碑合作、活动及研讨会等；有些公司的市场部的职能包括两块，对外是推广和合作，对内是站内营销，两块职能相互交叉和协同，推广合作必须以营销分析结果为主，提高推广效果。本章重点讲的是对外的推广合作。

1. 市场推广的思路

（1）新客户从哪里来？

① 推广诉求。

- 我们是谁？我们能提供什么？
- 我们的目标客户是谁？在哪里？
- 我们的竞争对手是谁？

- 客户的价值诉求是什么？
- 我们独特的竞争优势是什么？

② 推广手段有哪些？

- SEM（搜索引擎营销）：SEO（搜索引擎优化）、竞价排名。
- 品牌推广：电视、平面媒体、网络门户、导航站点。
- 口碑营销：事件营销、软文营销、网络水军。
- 广告联盟（CPS）：利用广告联盟。
- 新媒体：微博、博客、论坛等。
- 数据库营销：DM（宣传单）、EDM（邮件群发）、短信群发、电话营销。
- 淘宝店铺推广：直通车、硬广告（钻展、超级麦霸、广告位）、淘宝客、聚划算等。

（2）怎样留住老客户？

① 为老客户提供独特价值。

- 分析老客户行为，提供个性化页面。
- 分析客户购买行为，给老客户更多优惠，采用积分、VIP等方法。
- 针对性的促销活动，刺激老客户消费。
- 建立社区平台，为老客户搭建交流平台。

② 数据营销。

- EDM（邮件群发）。
- SMS（短信营销）。
- CALL-CENTER（电话营销）。

2. 市场推广方案的制订

市场推广方案是市场推广活动开展的第一步，是整个营销推广活动开展的指南。只有制订出可行的市场推广方案，才有可能取得良好的效果。

一份完整的市场推广方案需要有清晰的市场目标、良好的创意、合适的推广方式、缜密的计划安排。总体上是要回答6个问题——“5W1H”，即“what 何事”、“why 何因”、“where 何地”、“when 何时”、“who 何人”、“how 何法”。简单地说，就是做什么事，为什么要做，在什么地方做，什么时间做，由什么人去做，如何做。

一般来说，形成完整的推广方案文案包括概要、现状分析、预期目标、推广方式、时间、组织保障、费用预算、效果评估等部分。

通过分析自身和竞争对手网络营销推广现状，确定网络营销推广的具体目标，推广的时间，并确定具体实施的方式、人员、预算等。确定效果评估的方法标准，概要可以在所有内容完成后提炼而成。

（1）现状分析。

分析自身和竞争对手网络推广的现状，做到知己知彼。自身现状分析中应当对本企业有没有开展网络营销推广工作，如何开展的，投入和效果如何等进行详细的分析，以便为新的营销推广方案提供参考；分析竞争对手网络推广现状，也是同样的思维逻辑。被本企业确定为学习和模仿对象的标杆企业应得到更多的关注，分析其所使用的方法以及其所取得的效果，成功的、失败的都可以涉及。

通常分析竞争对手的做法后会有两种不同的策略可供选择，一是采用与之相同的方法，即模仿竞争对手所使用的营销推广方法，二是回避竞争对手所使用的方法，改用其他方法。

有一种理念认为，模仿成功者是通往卓越的捷径。在这种理念的指导下，分析竞争对手所使用的方法并加以模仿，往往能够取得同样的成功。例如，孔府宴原来是个小酒厂，后来它在广告上模仿孔府家酒的做法，后者打到哪，它就打到哪，后者在什么媒体上做，它就在哪做，最后终于打出了名气，并与孔府家酒平分秋色。这是众多通过模仿成功者而取得成功的典型例子。许多采用跟随战略的企业，不光在营销推广的方法上模仿竞争对手，在产品的设计上也在不断模仿，苹果手机全球热销后，市场上主流的智能手机几乎都有非常相似的外观设计。

当然，这个世界从来都没有这么简单，有的人模仿成功者，取得同样的成功，而有的人则会在模仿的过程中出现“东施效颦”的窘境。对众多企业来说，模仿成功企业的成功往往是通往成功的捷径，但也不是所有的模仿都可以成功。为此，就需要采用回避竞争对手所使用方法的策略。

现状分析需要解决的问题如下。

① 本公司产品的市场地位如何？

② 在品牌推广方面所使用的方法有哪些？有哪些效果？

③ 在销售方面所使用的方法有哪些？效果如何？

④ 竞争对手在推广方面使用了哪些方法？效果如何？

现状分析是确定下一步工作方向的基础，是非常重要的工作。企业开展营销推广工作时，要认真做好现状分析，从分析结果中得出下一步工作努力的方向。

（2）目标确定。

营销推广的目标是指在本计划期内所要达到的目标，是营销推广计划的核心部分，对营销推广方案的拟定具有指导作用。营销推广目标是在分析营销推广现状并预测未来的机会和威胁的基础上确定的。任何营销推广计划都应先确定明确、可衡量的具体目标。

市场营销理论认为，营销推广的目标一般有3个：告知、说服、提醒。

特别是在新产品在导入市场时期（产品生命周期的导入期），卖方特别需要告知消费者新产品的用途、性能与为何可以迎合消费者的需求。有效的告知可以将消费者的需求变成欲求。对于性能与使用较复杂的产品，如计算机软件或者创新的信息产品（如数年前的PDA与数码相机），通常卖方会运用期刊、杂志、新闻报导、研讨会与展览来达到告知的效果，这一类的告知还具有教育与供学习的功能。提前告知或宣布被广泛运用在软件业，这里除了告知与教育的功能外，还有欺敌的策略。

说服通常被应用在产品生命周期的成长期，此时竞争者开始出现。因此，这个阶段的推广目标，是说服消费者该品牌比竞争者品牌的产品优越或者符合消费者的需求。这个目标必须通过消费者对于品牌建立正面的态度与偏好来完成。

提醒通常被运用在产品生产周期的成熟期，市场上的竞争者开始大量出现，但消费者对产品的性能与品牌认同已经建立，所以，此时是以提醒为主要手段，再次唤醒消费者使用该品牌的愉悦经历与满足感。

在开展营销推广工作之前，应首先确定好目的是要实现告知、说服还是提醒。而具体的营销推广目标在每次营销推广工作过程中都应根据确定的总的目标来制定。通俗来说，就是确定是要打品牌还是要实现销售，显然，这是两个不同的方向。方向性的内容确定好之后，就是确定网络营销推广要达到的具体目标。一方面是过程目标，即在营销推广过程中，软文发到多少论坛、视频发到多少视频网站等；另一方面是效果目标，如流量达到多少、成交量多少等。

（3）推广的时间。

营销推广的时间安排也是营销推广工作的一个重要内容。整个营销推广工作要持续多久，每天在进行营销推广的过程中，在什么时间段开展网络攻势，都是需要进行精心策划的。

一方面，确定营销推广活动的持续时间。整个推广活动持续多久要根据营销推广工作所要达到的目标和资金预算情况来综合确定。一般来说，持续时间可以分为脉冲式和持续式。脉冲式是指在一些节日和事件中开展网络营销推广，节日或事件持续的时间即为营销推广持续的时间。而持续式是选定某一段时间，持续不断进行营销推广工作，通常这段时间和节假日等没有密切关系，一般持续时间会一周、两周、一个月、三个月等这样的时间范围，通常由于网络传播的特性，持续时间不会太长，因为存在一个什么疲劳的问题，可以在一次推广结束后，过一段时间再重新开始推广以使产品、品牌等能在网民印象中不断得到强化。

另一方面，确定每次推广活动的具体时间。网民上网的时段有差异，根据目标消费群体的网络行为习惯，在最可能有效的时间段开展营销推广工作会获得更多成功的机会。通常网民上网的时间规律是：工作日，集中在早上10：00到12：00，下午在14：00到18：00，晚上20：00到22：00也是网民上网高峰；周末，10：00迎来早上的高峰，除了午饭、晚饭时间，相对比较平均，20：00~22：00是晚间时段高峰。这个上网高峰特征是全体网民的一个综合情况，而不同类型的网民也有不同类型的时间特点，例如，股民上网的时间通常集中在股票交易时间前后，即早上8：00到11：

30，下午 13：00 到 16：00 这两个时间段。为此开展针对股民的网络营销推广也应集中在这样的时间段，比如发布一篇股票博客，也只有在这两个时间段内才有可能获得较高的点击量。

（4）营销推广方式。

营销推广的方式决定了营销推广工作应该如何来具体开展，随着互联网的不断发展，营销推广方式也在不断发展，目前的营销推广方式可以分为全网推广和站内推广两类。

全网推广目前普遍被认为是在电子商务平台网站之外，在博客网站、微博网站、搜索引擎、视频网站等通过文字、视频、图片等工具开展的网络营销推广工作。站内推广指的就是在电子商务平台内部，运用平台内所提供的营销推广工具开展的营销推广工作。根据不同的分类标准，全网推广和站内推广各自又有不同的类型。

① 全网推广的类型。

● 按网络信息源分类，网络营销推广可以被分为文字推广、图片推广、视频推广等。

● 按传播渠道分类，可以分为论坛推广、博客推广、IM 推广（QQ 推广）、微博推广、SNS 推广（开心网、人人网）、知道推广（问答推广）、百科推广、聚合站推广、RSS 推广、招聘类网站推广、威客类网站推广、电子书推广等。

● 按信息的传播能力，可以分为病毒式推广和一般推广。

② 站内推广的类型。

● 在网上商城平台和 C2C 平台内部，有众多付费推广形式。

● 淘宝网有淘宝直通车、钻石展位、淘宝联盟、淘宝客、聚划算等，还有天天特价、淘宝试用等各类活动。

● 拍拍网有拍拍直通车、卖场快车、点石成金、CPS 推广等。

网络营销推广工作实际上最核心的内容就是充分掌握这些营销推广方式，并加以熟练运用，为此，这里所列每一个类型的推广方式，都是完全可以展开而成为学员训练的内容。本书由于篇幅所限，在这里不能一一展开。

3. 市场推广工作的执行

市场推广方案制定好，接下来的事情就是执行，市场推广执行是指将推广方案转化为行动，并保证任务的完成，以实现方案的既定目标。执行过程需要将总体目标进行分解，工作任务具体到人，具体到每天的工作。要落实执行工作，需要一个团队来执行。

（1）市场推广团队组建。一个网络营销推广团队的组织结构只需要两个层次，负责人和一些具体的工作岗位，包括文案策划、商务拓展、媒介专员、SEM 专员等。

（2）市场推广任务分解。只有将任务分解得足够细，才能做到心里有数，才能有条不紊地工作，才能统筹安排时间表。首先，使用任务分解表，将任务分解到人；其次，使用甘特图，将任务进度表示清楚；最后，可以使用每日工作任务表将每位推广工作人员每天所需要完成的工作任务罗列清楚。

使用任务分解表，每个参与营销推广工作的人员应当可以非常清楚地了解到自己的工作任务和时间限制。根据管理要求的不同，任务分解表的项目也会有所不同，通常包括序号、工作任务及要求、责任人、完成时间等内容（见表 7–1）。

表 7–1　工作任务分解表

序号	工作任务及目标	责任人	完成时间
1			
2			
3			

制表人：　　　　　　　　　　　　　　　制表时间：

核准人：

甘特图也称为条状图，是在 1917 年由亨利 · 甘特开发的。其内在思想简单，基本是一条线条图，横轴表示时间，纵轴表示活动 (项目)，线条表示在整个期间上计划和实际的活动完成情况。它直观地表明任务计划在什么时候进行，及实际进展与计划要求的对比。

管理者使用甘特图可以极为便利地弄清一项任务 (项目) 还剩下哪些工作要做，并可评估工作是提前还是滞后，亦或正常进行，甘特图是一种理想的控制工具（见图 7–1）。

营销推广工作任务进度表

时间 / 工作内容	第1周（月日–月日）	第2周（月日–月日）	第3周（月日–月日）	第4周（月日–月日）	……
A					
B					
C					
D					

图 7–1　甘特图

通常任务分解到月、周，能分解到每日的管理是管理的精细化极限，这需要根据工作的需要来确定，比如有些搜索引擎营销工作，就需要将每天大量的工作内容细化在表格中，使得员工明确每天的具体工作任务。

（3）市场推广工作效果评估。根据推广工作的阶段目标和总目标来进行推广工作效果评估，目的是使市场推广工作更有效，同时也为市场推广工作的考核提供依据。

通常网络营销推广工作的效果评估应当是根据营销推广工作的目标来进行，即设定了什么样的目标，在营销推广工作完成之后，相应评估该目标有没有达到，再具体分析成败原因，以便使得工作能够做得更好。

一般来说，如果是以品牌知名度的提高为目标，通常评估的会是一些展示量、浏览量、点击量等指标。例如，一些网络营销服务机构在为客户完成营销推广工作任务后，会给出一些营销推广工作前后的数据对比，就是这样的一些指标数据。下面是某网络营销服务机构在某一案例完成后的效果评估数据：本次网络推广时间共一个月，推广前，百度、Google 搜索“××××××”这一关键词，显示结果均为 0 条，推广后分别为 73 400 条和 147 000 条。截至推广结束时，“××××××”的直接点击率为 73 345 次；网络视频短片的直接点击率为 9 247 次；部分网络名人相关博文直接点击率为 53 284 次；本次网络推广的直接点击总次数为 228 197 次以上，图 7–2 所示为常用推广数据监测和分析表。

序号	推广渠道	合作方		实际费用	核算数据										总计						
					实际费用	费用占比	销售占比	点击成本	转化率	订单成本	有效订单成本	订单有效率	新客成本	有效ROI	IP	UV	新注册会员数	总订单数	总订单金额	有效订单数	有效销售额
1	硬广投放	CPC	人人网																		
2		cpc	人人精准																		
3		ROI	163邮箱																		
4		硬广	163首页对联																		
5		硬广	新浪																		
6		硬广	新浪剩余流量																		
7	搜索引擎营销	SEM	baidu																		
8		掘金																			
9		SEM	google																		
10		SEM	搜狗																		
11	数据库营销	EDM																			
12	联盟营销	CPS	eqifa																		
13			linktech																		
14			xungou																		
15	网址站合作	直接购买	114啦																		
16		直接购买	hao123cn																		
17		直接购买	hao123内页																		
18		CPS	其他导航类																		
合计																					

图 7–2 市场推广数据监测表

（4）全网营销推广方案创意。网络经济是眼球经济，谁能吸引到更多的关注，谁就有可能获益。因此，在网络世界里生存的唯一法则就是：吸引人。

由于站内推广一方面需要一定条件，对于初入行的商家来说难以达到；另一方面，竞争也很激烈，因此，借助论坛、QQ、博客、微博等进行营销推广一直是不可忽视的方法。而且，利用这些方法，打造零成本的推广也不是没有可能。下面给出一些创意方向。

① 利用网络热点话题。既然是热点话题，必然在一定时期内有大量的关注，围绕热点话题，展开讨论，评价等为自己获得关注。

② 制造网络热点话题。虽然通过个人的力量制造特点话题比较困难，但是也不是没有可能，当年一句“贾君鹏，你妈妈喊你回家吃饭”迅速风靡网络，产生强大的蝴蝶效应，引发全社会热议，说明如果能审时度势，把握网民心理，还是有机会制造热点话题的。当然，无论是利用还是制造热点话题，都应注意话题的积极意义，不能突破法律和道德的底线，同时应注重品牌形象的建立和提升。

③ 不能忽视一些司空见惯的方法。追求博人眼球是一种策略，而使用一些司空

见惯的方法，也不可忽视。如广泛发布具有购买煽动力的软文、发送广告邮件等。

④ 打造特色博客、微博。不一定要围绕自己的产品来打造博客或微博，要有特色，仅仅只是公司动态，产品信息类的博客、微博不会获得大量的关注。微博营销也有许多人打造粉丝众多的微博后，开始通过转发广告信息获取利益，与这种微博合作必须要谨慎，因为可能存在大量的"僵尸粉"，而且营销效果也无法可靠衡量，需要谨慎对待。

7.2 相关工作岗位及考核办法

1. 网络推广经理

岗位的概要描述：负责本部门整体运营工作，网站策划、营销策划、网站内容、推广策划等业务指导及部门员工的指导、监督、管理、考核工作。

岗位职责：

（1）负责网络营销项目总策划，战略方向规划、商业全流程的规划和监督控制，对部门绩效目标达成总负责。

（2）负责网站平台的策划指导和监督执行。

（3）负责网站产品文案、品牌文案、资讯内容、专题内容等的撰写指导和监督执行。

（4）负责网站推广策略制定，以及执行指导和监督管理工作。

（5）负责网站数据分析和运营提升。

（6）负责本部门的筹划建立，员工招聘、考核、管理，部门规划、总结。

岗位要求：

（1）5年以上电子商务 / 网络营销工作经验，3年以上项目策划、运营经验。

（2）具备项目管理、营销策划、品牌策划、网络营销等系统的理论知识和丰富的实践经验。

（3）优秀的电子商务 / 网络营销项目策划运营能力，熟悉网络文化和特性，对各种网络营销推广手段都有实操经验。

（4）卓越的策略思维和创意发散能力，具备扎实的策划功底。

（5）优秀的文案能力，能撰写各种不同的方案、文案。

（6）对网络营销商业全流程都具备策划、运营、控制、执行能力。

（7）丰富的的管理经验、优秀的团队管理能力。

2. 项目专员

岗位的概要描述：负责网络运营部产品文案、品牌文案、深度专题的策划、创意文案、推广文案的撰写执行工作，对网站销售力和传播力负责。

岗位职责：

（1）负责网站数据分析和运营提升。

（2）负责搜索竞价平台的管理。

（3）协助部门经理建设网络营销的商业流程体系。

（4）负责公司网站的规划落地执行。

（5）协助部门经理筹划建立部门管理体系，协助员工招聘、考核、管理，协助部门规划、总结。

岗位要求：

（1）3 年以上电子商务 / 网络营销工作经验。

（2）具备项目管理、营销策划、品牌策划、网络营销等理论知识和一定的实践经验。

（3）优秀的网络营销数据分析能力和丰富的分析经验。

（4）具备一定的文案能力和和网站策划能力，对客户体验有深刻认识和独特领悟。

（5）对网络营销商业全流程都具备一定认知和执行能力。

3. SEO 专员

岗位的概要描述：负责网站关键词在各大搜索引擎中的排名，提升网站流量，增加网站用户数。

岗位职责：

（1）运营搜索引擎到网站的自然流量，提升网站在各大搜索引擎的排名，对搜索流量负责。

（2）从事网络营销研究、分析与服务工作，评估关键词。

（3）对网站和第三方网站进行流量、数据或服务交换，或战略合作联盟，增加网站的流量和知名度。

（4）制订网站总体及阶段性推广计划，完成阶段性推广任务，负责网站注册用户数、PV、PR、访问量等综合指标。

（5）结合网站数据分析，对优化策略进行调整。

（6）了解网站业务，锁定关键字；站点内容强化，内部链接；外部链接建立；结合网站数据分析；扩展长尾词。

岗位要求：

（1）两年以上 SEO 相关工作经验，有过大中型网站优化经验优先。

（2）掌握百度、Google、Yahoo 等搜索引擎的基本排名规律；并精通以上各类搜索引擎的优化，包括站内优化、站外优化及内外部链接优化等；精通各种 SEO 推广手段，并在搜索引擎上的关键词排名给予显示。

（3）具有较强的网站关键字监控、竞争对手监控能力，有较强的数据分析能力，能定期对相关数据进行有效分析。

（4）具备和第三方网站进行流量、数据、反向链接或服务交换的公关能力。

4. 媒介专员

岗位的概要描述：负责网络运营部、创意文案、推广文案的撰写及发布，媒介公关和广告投放等工作，对网站有效流量负责。

岗位职责：

（1）负责传播文案、创意文案、软文、新闻等撰写和发布执行控制。

（2）负责论坛事件营销的创意和执行。

（3）负责媒介公关和广告投放执行和监测。

（4）负责邮件、博客等各种网络推广形式的规划和执行。

（5）对网站的有效、精准流量负责。

岗位要求：

（1）3年以上电子商务/网络营销工作经验。

（2）具备品牌策划、传播策划、网络营销等系统的理论知识和丰富的实践经验。

（3）了解各种网络营销方法、手段、流程，并有一定实操经验。

（4）卓越的策略思维和创意发散能力，具备扎实的策划功底。

（5）优秀的文案能力，能撰写各种不同的方案、文案。

（6）对网络文化、网络特性、网民心理具有深刻洞察和敏锐感知。

5. 文案策划

岗位的概要描述：负责网络运营部产品文案、品牌文案、深度专题的策划、创意文案、推广文案的撰写执行工作，对网站销售力和传播力负责。

岗位职责：

（1）负责公司产品文案、品牌文案、项目文案的创意和撰写。

（2）负责公司网站的专题策划并和网站编辑共同执行文案撰写。

（3）负责规划方案和策划方案的撰写。

（4）负责传播文案的创意和撰写。

（5）对网站的销售力及传播力负责。

岗位要求：

（1）3年以上品牌、广告、软文的撰写的工作经验，有一定的策略方案经验。

（2）具备营销、品牌、广告等系统的理论知识和丰富的实践经验。

（3）卓越的策略思维和创意发散能力，具备深刻的洞察力。

（4）优秀的文案能力，能撰写各种不同的方案、文案。

（5）了解熟悉网络特性和网络文化，对网络营销具备一定的经验，熟悉各种网络营销的手段和方法。

7.3 相关专业术语解读

软文推广：软文推广即是通过在论坛、博客、微博、QQ 群、SNS 网站等发布软文，目的是为产品、网站、网店或商城增加流量，进而增加销量，扩大品牌影响力。软文推广中，应特别注意文字的标题，好的标题可以起到事半功倍的效果。可以使用的软文体裁如下。

（1）新闻式，以新闻事件的手法去写软文，使得文章看起来像一个新闻稿。

（2）故事式，通过讲故事带出产品。

（3）悬念式，以设问句作为标题，并在文中回答这个疑问。

（4）促销式，以“卖疯了、0 元购机”等促销语句作为标题的一部分，配合促销活动使用。

（5）情感式，将消费者的情感融入文中，例如，“女人，你的名字是天使”等。

（6）恐吓式，一种反情感诉求，情感诉说美好，恐吓直击软肋，如“天啊，骨质增生害死人！”实际上，恐吓形成的效果要比赞美和爱更具备记忆力，但也往往会遭人诟病。

视频推广：视频推广即通过创意、拍摄、后期等过程，制作推广视频并上传到视频网站，插入论坛、博客等达到营销推广目的的活动。视频因其承载的信息量大，而且最为直观，越来越受到重视。

使用视频推广，在现在的技术条件下，完全可以自己制作视频。设备方面仅需要一个能拍摄视频的摄像机、数码相机，甚至一些像素比较高的手机即可。软件使用绘声绘影或 Windows Movie Maker。软硬件和技术对很多推广者来说都不是问题，最关键的是视频创意。没有好的创意也难起到推广效果。一般来说，社会热点、娱乐性较能获得大范围的点击，与产品相关的知识性题材，能得到对产品比较感兴趣的消费者的点击。利用视频，可以详细地展示产品特性，较好地注入品牌理念。

微博推广：微博，微博客的简称，是基于用户关系的信息分享、传播及获取平台，用户可以通过 WEB、WAP 以及各种客户端组建个人社区，以 140 字左右的文字更新信息，并实现即时分享。2009 年 8 月份中国最大的门户网站新浪网推出“新浪微博”内测版，成为门户网站中第一家提供微博服务的网站，微博正式进入中文上网主流人群视野。据 CNNIC 统计，截至 2011 年 12 月 31 日，我国微博用户数已经达到 2.5 亿，近半数网民都在使用微博。微博以其时效性强、门槛低、用户自主性强等诸多优点，迅速成为互联网一个比较大的应用。利用微博进行品牌形象塑造，产品推广也迅速成为一种新动向。

使用微博进行推广，企业可以注册企业微博，也可以注册企业中声望较高的个人微博。发微博的时候注意不能总是发一些企业产品信息，资讯等内容。应从企业精神、企业所关注的社会问题等角度，来获得消费者的共鸣。归纳起来，微博推广可以发布的信息有：转发或评论与品牌相关的话题；转发或评论当前社会热点问题；有奖互动活动；线上线下互动等。

利用微博，贵在坚持。通常以欺骗，炒作等手法制造出人气较旺的微博，看似火爆，实际效果会负面较多，因此，实实在在做微博，以诚待人，也是微博推广的根本，同样，也是各种推广方式共同的诉求。记住，千万不要把消费者当傻瓜！

博客推广：博客比微博产生时间要早，2000 年已经进入中国，虽然名称上与微博客很相近，但与微博有很大的区别。开展博客营销推广，需要按照把博客打造成著名博客的目标来奋斗，只有成为著名的博客，才会获得大量的关注，才会起到博客营销的效果。所以说，博客营销推广是一个慢功夫活。博客要想获得大量的浏览和关注，必须要写出最能抓住网民和管理员需求的标题以及内容，要让阅读者每次来读博客都有收获。

论坛推广：论坛是一种交互性强，内容丰富而及时的 Internet 电子信息服务系统。是网络中较早的一种应用，而且一直是非常火爆的一个应用。以其社区性、高人气等属性，被商家看重，往往作为网络营销推广的一个必选项目。使用论坛推广，除了可以和论坛运营方合作之外，通过软文、活动等形式，在论坛发帖、回帖以获得人气已经成为众多企业网络营销推广的重要内容。因为现在多数论坛不允许直接发布广告性内容，因此，在论坛发帖往往需要使用软文。需要做的工作包括论坛选择、软文设计、回帖设计等，话题的选择还需要遵循网络传播规律，太过平淡的话题，往往不会起到好效果，而争议性的话题，才能获得更多关注。

IM 推广：IM 为即时通信工具，IM 推广就是是企业通过即时通信工具，如 QQ、YY、新浪 UC、淘宝旺旺等推广产品和品牌的方法。企业可以通过 IM 通信工具，利用群发或者发好友信息，发布一些产品信息、促销信息，或者可以通过图片发布一些网友喜闻乐见的表情，同时加上企业要宣传的标志。

网店营销工具：在各个 C2C 平台中，由于卖家队伍已经非常庞大，而要在如此庞大的卖家中要能被关注到，紧靠自然搜索排名是远远不够的，因此，各平台均在店铺营销推广工具上下工夫，以占 C2C 市场 70% 左右份额的淘宝网为例，在店铺推广方面，工具数量最多，包括直通车、钻石展位、淘宝联盟、淘宝客、聚划算、淘代码等，还有天天特价、淘宝试用等各类活动。

CPS：英文全称为 Cost Per Sales，即按销售付费。以实际销售产品数量来计算广告费用，是最直接的效果营销广告。CPS 广告联盟就是按照这种计费方式，把广告主的广告投放到众多网站上。

CPM：英文全称为 Cost Per Mille，即千人成本，指由某一媒介或媒介广告排期表所送达 1 000 人所需的成本。现在也有人将其译成 Cost Per one Thousand Impressions 或 Cost Per Thousand。前者中文名为每千人印象成本。后者称谓相同，但简称为 CPT。所指内涵与 CPM 相同。其计算公式为：千人成本 =（广告费用 / 到达人数）×1 000。

UV：英文全称为 Unique Visitor，即独立访客，指访问某个站点或点击某条新闻的不同IP地址的人数。在同一天的00:00~24:00，UV只记录第一次进入网站的具有独立IP的访问者，在同一天内再次访问该网站则不计数。独立IP访问者提供了一定时间内不同观众数量的统计指标，而没有反应出网站的全面活动。

ROI：英文全称为Return On Investment，即投资回报率，是指通过投资而应返回的价值，它涵盖了企业的获利目标。利润和投入的经营所必备的财产相关，因为管理人员必须通过投资和现有财产获得利润。又称会计收益率、投资利润率。

7.4 案例分析

市场推广工作是杭州亿超电子商务有限公司的一项日常重要的经营活动。公司对营销推广工作有充分的认识并能够根据公司实际情况有选择性地开展。

公司把营销推广工作分为全网营销和平台内营销两部分，全网营销中，公司在做的推广类型有CPS、论坛合作、搜索引擎关键词竞价、软文推广、微博营销等。全网营销对于公司品牌建设具有非常大的帮助，对于日常销售并没有非常明显的作用，占到公司日常流量的一小部分，公司大部分的销量还是来自平台内部的推广。如公司在天猫上的专营店、淘宝集市的店铺，平台内部的推广主要是淘宝平台所提供的各类营销推广工具。最常用的就是打造爆款，首先选择受众面广的产品，然后进行策划、消费定位分析、预算（准备花多少代价），制定目标转化率。然后进行直通车测试，如果成交效果好，就加大直通车投入，自然排名就会上去，这样会形成一个良性循环。

亿超眼镜在营销推广工作中非常注重营销理念，提出80%的营销在于企业内功修炼的营销理念。一切以顾客为中心，注重产品品质，开展精细化运作。精细化运作是公司贯彻顾客第一理念的具体做法，即在选择产品时，考虑产品的功能是不是适合顾客、使用的效果如何、产品的性价比高不高，顾客是否容易下单等。在产品描述中注重顾客需要了解的各方面细节，公司在每一款产品的介绍中都花费了大量的精力来展现产品的方方面面，不光是要考虑周到，产品图片、模特图也要高度清晰，以展示专业性。当这些基本功做扎实之后，推广起来才有底气，推广后的转化率才会更高。

杭州亿超电子商务有限公司结合自己企业的发展阶段，做出了以站内营销推广为主全网营销为辅的选择。做竞价排名、CPS、百科推广、论坛发帖、软文营销、博客营销等，但并不依重，而以内功练扎实的基础上在平台上参加活动、打造爆款等为主，走出了有自己特色的路子。

杭州亿超电子商务有限公司的营销推广案例给人的感觉是稳健，没有花拳绣腿、没有浮躁，有的是懂得商业逻辑的沉稳感，当各种各样的新模式满天飞的时候，它扎扎实实地做好自己的基本功，踏踏实实按照自己的赚钱套路来出拳，在很多人抱怨电子商务冬天的时候，它感受到的是电子商务蓬勃的生机。网络中有各种各样的神奇的全网营销方案，尤其是许多从事网络营销的第三方服务商声称能够带来多少多少流量的，都要理性看待，原因在于这些第三方没有把顾客利益最大化放在第一位。不要过度迷信网络新媒体，关键是企业要全面分析，充分认识其作用，坚持把产品做好，把客户体验做好，这才是市场推广工作坚实的基础。

第8章 网站运营

网站或店铺是消费者浏览产品、下单成交的主战场，公司团队所有的努力都需要在这个战场完成最后一跃。运营团队要解决的问题就是:

(1) 让客户喜欢上我们的店铺;

(2) 让客户喜欢上我们的产品;

(3) 让客户成为我们的顾客;

(4) 让顾客成为我们的老顾客。

本章学习目标

知识目标

□网站运营的核心目标

□网站运营的核心模块和操作要点

□网站运营的岗位职责

□网站运营术语解读

技能要点

□了解网站运营的目标和操作流程

□掌握网站运营的核心步骤

场 景

在目睹了业内诸多品牌在电子商务领域取得的成效，广东佰都服饰公司董事长路长平决定开辟电子商务渠道。在他的大力推动下，公司迅速组建了电子商务事业部，原营销部总监王亮出任电子商务事业部总经理。王亮是个雷厉风行的人，电子商务事业部组建已有3个月，在王亮和同事的努力下，快速完成了店铺申请、产品筛选、产品E化、网站设计、商品上架等工作。公司天猫旗舰店5月30日正式开张营业，为了庆祝电子商务事业部第一步的成功，董事长专门设宴款待已连续工作数月的员工，在觥筹交错中，员工对未来充满无限的憧憬。

但王亮最近再也开心不起来了，网店上线一个月了，销售额只有8 000元，连任务的十分之一都没完成。就是这8 000元的销售收入，也是在连续投入4万元多推广费得来的。由于极低的投资收益率，推广引流也暂停了一周，最近连续几日，成交为零。

这是王亮入行以来遭遇的最大的失败，佰都虽然不是大品牌，但近年来扩张迅速，每年近2亿元的销售额，让王亮在董事会和经销商中拥有重要的地位。而且最让王亮感到挫败的是，他不知道问题出在哪里，下一步应该怎么办。

同事已经下班了，面对空荡荡的办公室，王亮扪心自问，自己当初选择来电子商务事业部是不是真的错了。

8.1 网站运营的目标

网站运营的工作核心是站内营销，也就通过努力把浏览客户变成购物客户的过程。市场部前期的站外营销、推广、网络宣传都是为了获得流量，让更多用户登录网站。怎样让客户被页面和产品所吸引，并最终形成订单，并且通过持续的服务，让客户再次光临，形成重复购买，这是网站运营需要做的工作。

网站运营是通过网站与用户进行交互沟通的过程，这是与传统零售企业客户沟通方式迥异的过程，它可以通过主页、分类页、搜索页、商品页等的页面展示、在线客服服务、促销活动等行为构建起综合的营销环境。以客户体验为导向，充分与客户沟通，以达成营销目的，最终形成订单。

8.2 网站运营核心模块分析

1.Web 产品优化

Web 产品不是网站上销售的商品，而是网站及功能应用产品，是我们与客户沟通所使用的工具，也就是网站及其背后的一系列支持系统，是电子商务中的“电子”部分。Web 产品优化对提高网站的转化率、访问深度、二次回访率、老用户黏度、订单处理效率、整体服务效率将会有很大的帮助。

Web 产品优化包括搜索优化、前端页面系统优化（如网站首页设计、商品详情页设计、网站导航等），订单处理系统优化（如购物车、订单流转）、客户管理系统优化。

（1）搜索优化。

① 基于淘宝平台的搜索优化。

关于搜索我们需要首先了解搜索流量解公式：搜索流量 = 展现量 × 点击率。

在淘宝平台商品关键词搜索排序以两种方式出现：所有商品排序和人气商品排序，两者流量分配比例为 7:3。

所有商品排序受如下条件影响：相关性、作弊降权、橱窗推荐、宝贝下架时间、消费者保护。用一句话说，如果你的商品没有作弊、相关性好、是在橱窗推荐的、参加过消保，那么就会按下架时间来排序。

a. 关键词优化，应该是选择搜索人次最大的关键字，布置最多 30 个字商品标题。

如何确定搜索人次最大的关键字，运用淘宝数据魔方工具，如图 8-1 所示。

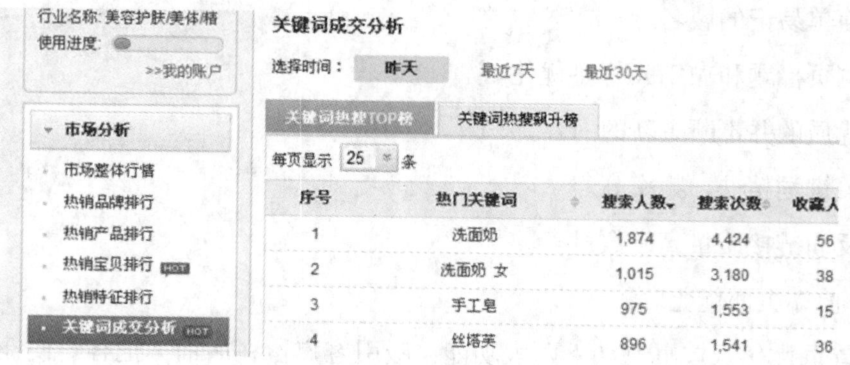

图 8-1 关键词

b. 商品上架时间优化。

淘宝规则：商品距离下架时间越近排序权重越大，商品下架周期为一周。

策略：根据产品相关类目，了解本类目一周七天中流量分布，了解本类目每天 24 小时的流量分布。

根据流量分布数据，对商品分批上架，原则为：

- 选择在流量高峰的时间上架商品，以获取最可能大的展现量。
- 尽量在每一天，每一个时点都有商品上架，避免流量展现空白期。

人气商品排序优化策略：何谓人气，顾名思义就是商品受顾客欢迎的程度，目前人气商品排序主要依据两个因素：相关性、人气。

a. 相关性优化因素：类目属性、商品标题、搜索关键词。

人气排序中，关键词选择要合理，不是越热越好，要选择与商品销量相似的同类竞品的热门关键词。

b. 人气分优化因素：最近 30 交易量、转换率、收藏量、回头率及其他（消保、好评率、卖家信用）。

② 常规搜索引擎优化。这个优化是针对独立 B2C 网站进行的，因为淘宝平台对百度搜索的屏蔽，淘宝店铺并不会被百度收录并被搜索到。

- 良好的服务器稳定性和连接速度。

- 良好的网站导航结构。
- 简单易记的域名。
- 网页标题和 META 标签优化。
- 优质的并不断更新的内容。
- 关键词精准，频率高。
- 反向链接质量高，数量多。

(2) 前端页面优化。

① 首页优化。首页有如下两大功能：吸引客户留在店铺；把客户便捷地分流到不同商品页。

重要原则：

- 店铺设计精美，风格独特，产品风格与店铺风格保持一致性精良的设计会让客户产生信任感，个性的风格会让客户记住店铺。
- 左上角 Logo 区，要能体现店铺特色，店铺名称和店铺标语等重要标识元素。
- 产品分类页设计要重视客户体验，一般设置在首页上部或左部，符合客户从上到下，从左到右的视觉习惯。分类页的功能是让客户快速找到想要的商品，应该按消费者的需求习惯进行分类。二级分类可设计成自动弹出，基本原则是能不单击鼠标就不单击，能点击一下就不用两下。
- 搜索框是客户重要的产品搜寻路径，一般设置在上部，并标注本店铺最热门搜索关键词。
- 活动区或重点推荐产品区位置规划。

根据店铺策略，宣传店铺优惠措施，或将流量导向重点商品，形成订单。

② 商品页优化。商品页的功能就是视觉营销的过程，以形成订单为目标。依据 AIDMA 营销法则，说服逻辑如下。

- 引起注意，留住客户。通过促销活动，突出卖点，产品优势描述，客户痛点挖掘等引起客户的注意，如图 8–2 所示。

图 8-2 鞋面超级透气

● 提升兴趣，强化需求。

以客户需求为核心，挖掘商品属性和卖点，通过精心的表达方式，打动客户。时刻思考客户需要什么，我们能提供什么，我们的产品是如何满足客户需求的，能否超出客户的预期，如何表达才会打动客户。如图 8-3 所示。

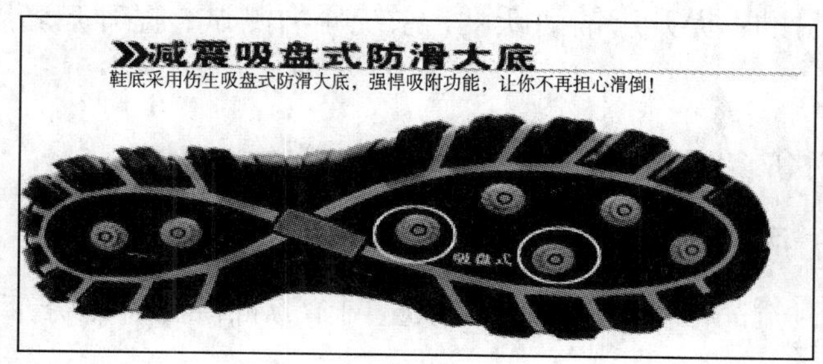

图 8-3 吸盘式防滑，不输章鱼帝

● 建立信任，消除顾虑。

信任是成交的前提，尤其对于电子商务来说，店铺、产品都是虚拟的，看得到，摸不到，看到的也只是图片和文字，因此，赢得客户的信任是成交的关键，对应措施如下。

无风险承诺：无理由退货，货到付款。

服务保障：消保、保修、换货等保障。

专业资质认证：第三方质量认证。

客户好评：客户口碑是赢得信任的关键点。

● 促单成交、关联销售。

给客户一个现在下单的理由，常见的策略如下：

包邮，买一送一，限时促销、过期不候，限量销售、售完即止等；

当客户下单后，通过包邮、打折等策略进行关联商品推荐，提升客单价。

2. 活动策划

促销活动是提升店铺流量以及转化率的有力手段，搞好活动策划是运营工作的重要内容，具体内容如下。

（1）完成市场活动的策划方案的制定。

（2）负责与公司兄弟部门及外包公司的沟通、组织、协调、执行。

（3）负责活动数据分析，根据分析结果提出下一步市场策略。

活动策划的思路如下。

（1）确定活动目的：提升店铺活跃度；系统压力测试；提升知名度；获取新客户；打造爆款；清库存。

（2）目标客户分析：性别；年龄；购物习惯；品牌忠诚度。

（3）活动内容：活动形式；促销力度；活动单品选择。

（4）活动准备：货品准备，从质量和数量两个方面准备；服务准备，从售前到售后做好服务准备。

（5）活动推广造势：① 站内推广。店铺内（淘宝平台）有店铺通栏、宝贝描述、旺旺签名，店铺外（淘宝平台）有直通车竞价、钻石展位、卖霸、硬广、社区发帖、帮派、淘江湖；② 站外推广主要有站外广告、短信通知、邮件通知、微博等。

（6）活动预算：对活动所要投入的费用汇总。

典型活动类型如下。

① 店铺内活动。

● 限时折扣：节日折扣、秒杀。

● 满就送：包括满 ×× 包邮，满 ×× 赠 ××。

- 优惠券：根据不同限制条件，制订赠券发放方案。
- 收藏有礼：对收藏店铺进行鼓励。
- 套餐搭配促销。

② 电子商务平台活动。平台活动是由电子商务平台组织的促销活动，特点是流量大，效果好，店铺参加平台活动需要提前申请，并满足活动所需条件，才能够参加该活动，常见活动如下。

- 淘宝聚划算。
- 淘宝淘金币。
- 淘宝天天特价。
- 京东预定购。

3. 运营数据分析

数据分析如同经营的"眼睛"，从分析中可以发现运营中存在的问题和商机。分析能力直接影响到经营的基本能力，分析能力越强，做出的决策就可能越准确，反应速度也可能越快。

（1）基本流量分析。

电子商务网站的基本流量分析大体包括UV统计、PV统计、用户来源、关键词分析、用户地区分析、浏览路径、着陆页分析、各种时段流量统计等。

UV统计：统计当日唯一IP访问数量，相当于访问的用户数量。

PV统计：即Page View，用户页面浏览量。

用户来源：即用户从哪个路径来的。如从百度或Google等搜索引擎进来的，从其他网站来的、或者直接访问的等。

关键词：可以统计出用户通过哪些关键词而进入我们的网站。

用户地区：可以将访问用户按照地区（国家、省、城市等）来分类，可统计出用户来源的地区数量和比例。

浏览路径：可以跟踪某用户在我们网站的浏览路径，都浏览到哪些网页，停留了多久，从哪里离开等。

着陆页：记录用户访问我们网站的第一个页面是哪个，统计出数量和比例。

各种时段流量：以日、星期为单位，分析各个时段的流量变化。

（2）基础运营数据分析。

以每周运营数据作为比对分析的参考，目的在于，当运营策略做了某方面的调整，当产品线做出了某种调整，相对应的运营数据也会有一定的变化，通过数据的变化来判断调整是否达到预定目的，并推演出下一步的运营策略。

做基础分析时一般从以下几个方面着手。

① 对网店的流量来源进行分析（来源分析），能够帮助了解，哪些流量是能给网店带来收益。

② 将广告后获得的流量单独做流量分析（付费流量分析），更有利于对不同推广渠道做跟踪和效果分析。

③ 监测每个时段的流量和销售的转化情况（时段分析），能够帮助了解网店的销售高峰时间，还能帮助网店安排运营人员的工作时间，提高工作效率。

④ 对通过在搜索引擎输入关键字进入网店的流量进行分析，分析每个关键词通过不同搜索引擎进入网店的流量（关键词分析），可以帮助运营部门做搜索引擎营销的有力数据参考。

⑤ 对网店的访客的地区进行跟踪，能够了解网站的主要顾客地区，给运营部门做出营销引导，例如对于订单量少，流量高的地区，可以进行免邮活动之类，同时在访客中要区分新老顾客，老顾客的回访行为，能够协助邮件营销达到更好的效果（访客分析）。

⑥ 评估流量在网店中的分布（页面类型和热门页面的分析）。

⑦ 评估着陆页面的质量（入口分析）。

⑧ 结合退出率和访客离开网店的页面，发现顾客离开网站的原因（出口分析）。

（3）网店运营中的重点指标。

退出率：退出率适合给网店做全面检查，哪里的退出率高，基本会说明页面存在些问题。在做分析时，重点关注登录、注册、购物车、用户中心。这些页面是基础的，也是关键的。

跳出率：跳出率高绝不是好事，但找到跳出的问题在哪里才是关键。在一些大的推广活动时，跳出率都会很高，跳出率高可能意味着目标人群定位不精准，或者广告诉求与访问页面内容有巨大的差别，或者本身的访问页面有问题。

进入购物车：进入购物车指标与转化率不同，除了反映了访客在选购商品时的动作，从侧面可以了解，访客对某些产品的购买意愿。结合产品页面的分析，从那些进入购物车指标偏高，但是没有最终下单转化，或者转化偏低的页面寻找问题，是产品描述不吸引访客，还是价格因素？从这些问题引导产品页面的优化和商品价格的调整。

转化率：针对网店的分析纬度不同，转化目标也不同。

结合来源流量分析，这时的转化率适合监控各渠道的转化，引导运营工作，针对不同的渠道做有效的营销，转化率代表着营销效果。

结合热门页面分析，这时的转化率适合观察各热门商品，热门品牌，商品分类的转化，针对转化较低的页面，合理的调整页面内容。

结合入口页面分析，这时的转化率适合检测着陆页在网店中的销售提升力。评估促销活动对网店提升转化的效果。

（4）用户购买行为分析。

用户进入我们的网上店铺，都看了哪些产品、在哪里停留、将什么产品放入购物车、是否注册、订单及支付情况怎样、购买过程从哪里开始、购买过哪些产品、是否发表产品评论、是否有退换货、是否咨询客服人员等互动信息等。

购买行为分析是我们更深入了解用户的重要参考，从中可以了解到用户对我们哪些方面还不够满意、用户更喜爱怎样的产品、我们的购买流程还存在哪些问题等信息，也会更加了解每个用户的需求和喜好。

对用户了解越深，我们做出的决策判断才越准确。电子商务运营过程中，对用户的分析能力是重要的能力之一。我们每做一个经营动作，都可能带来一些用户的反应，如果我们能够迅速分析用户感受，就可以迅速调整经营策略，这些都是电子商务运营的根本能力。

（5）产品分析。

产品的细微变化也可能对销售情况带来影响，如我们采用不同的展示方法、将产品放置于不同的位置、在不同时期、不同价格的调整等。我们跟踪每一个产品、了解每一类产品的情况，不仅能够不断促进销售增长，而且可以优化库存及供应链体系，提升供应周转效率，降低相关成本。

我们不仅可以监测每个产品的销售情况，也能够将产品进行组合及关联，从而提升整体销售。产品的分析往往是在一定数量基础上，基本数量少，会存在更多的偶然因素，基本数量越大，分析的准确率也就越高，分析维度如图 8-4 所示。

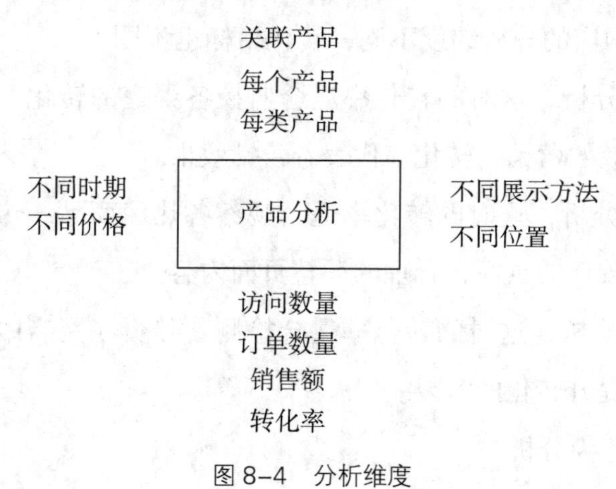

图 8-4　分析维度

（6）促销效果分析。

促销是电子商务运营中最常用的策略之一，为了更加清晰每一次促销的效果，我们应该进行促销效果分析，一般我们运用如表 8-1 所示的分析表进行分析评估。

表 8-1　分析表

分析项目	活 动 前	活 动 后
流　量		
转化率		

续表

平均客单价		
平均订单数		
销售额		
新用户增长量		
成本投入		
利润（利润率）		
其他		

4. 客户关系管理

（1）什么是客户关系管理？

客户关系管理指的是企业通过富有意义的交流沟通，理解并影响客户行为，最终实现获取更多的新客户、保留原来的老客户、提高客户的忠诚度，从而达到为客户创造价值的目的。

电子商务从产品到店铺都是虚拟的，消费者通过网络购物天然缺乏信任感，通过客户关系管理建立消费者对店铺、对产品品牌的信任是电子商务成功的关键。

例如，通过 CRM 系统，Amazon 公司分析每位客户的原始资料（年龄、性别、地理位置、家庭情况、收入情况等）和历史交易记录，通过分析推断客户的消费习惯、消费心理、消费层次、忠诚度和潜在价值。根据客户的不同需要和习惯提供给客户不同的服务，最终向客户提供一对一的服务。

客户每次在 amazon.com 网站上的浏览和定购情况都被 Amazon 公司记录下来，通过分析客户长期的交易情况，公司得知客户基本的需求和消费嗜好，然后公司会向客户推荐他想要的书籍，减少营销的盲目性，获得客户的认可。

亚马逊通过 CRM 实现了个性化一对一营销，给亚马逊带来了 65%的回头客。

（2）建立有效的客户沟通渠道。

邮件营销（EDM）：优点包括成本低廉，回应率较高，促进顾客关系，便于营销效果监测，图文并茂、内容丰富及其他。

手机短信：优点为沟通便捷，效率高，缺点为表现形式单调，容易对客户造成干扰。

旺旺、QQ：优点为沟通更直接，即时回应，成员容易形成社群，增强忠诚度。缺点是规模扩展困难，管理难度大。

（3）客户关系管理对业绩的改善。

① 获取新客户：对未付款订单进行第二天邮件提醒，第三天短信提醒。

② 老客户维护：根据客户购买记录，购买行为进行专属推荐，一段时间未购买的提醒和推荐，节假日、生日问候。

③ 优质客户培养：建立会员制度，提供包邮、VIP 优质差别化服务等。

8.3 相关工作岗位及考核办法

网站运营工作中，公司发展阶段不同，大小不同，都会有不一样的岗位设置。新创公司、小公司常见的情况就是一岗位身兼多职；相对成熟的公司、大公司，岗位细分越加明显，因此专业要求更加突出。

通用的运营工作素质要求：工作认真细心，责任心强，有条理；善于计划与执行，注重团队协作；良好的沟通、表达、甚至谈判能力等。

常见的有如下岗位及考核办法。

1. 网站运营总监

岗位职责：

（1）负责网站整体架构的设计与内容规划，并协调相关部门进行实现。

（2）负责网站线上与线下活动的策划与监督执行，负责网站推广，并辅助营销部门进行相关的销售活动。

（3）根据产品的特点以及市场变化，进行相关资讯信息的采编工作。

（4）负责网站售后服务流程的管理。

（5）负责网站运营部门的全面管理，制定运营管理计划并编制相关预算等。

2. 运营专员

岗位职责：

（1）商品销售分析、市场竞争分析，并按期给出新品开发建议。

（2）商品生产下单、并跟进生产进程，保证商品按时按量入仓。

（3）商品运营数据整理、卖点挖掘、商品文字资料撰写。

（4）根据各销售平台的数据需求，绘制商品运营数据表单 / 数据包，供各平台使用。

3. 搜索引擎关键字维护师

岗位职责：

（1）负责 Google、百度、Yahoo 等搜索引擎投放关键字投放。

（2）进行定时测试、审核、维护、优化、监测。

（3）分析并提交每日、每周、每月报告。

4. 活动策划

岗位职责：

（1）负责网站的规划，网站创意以及内容策划。

（2）根据网站特点制定总体及阶段规划。

（3）通过对市场，对手，用户的反馈数据，进行分析，策划战略产品，提高用户体验度。

（4）具备网站栏目以及网络策划能力，能积极调动人气。

（5）对网站阶段性进行评估和改善。

5. 数据分析

岗位职责：

（1）负责平台日常运营数据的整理、统计、分析和管理。

（2）对网站会员信息、消费行为规律进行分析。

（3）通过数据分析发现影响网站经营的问题，并向经营部门提供发展建议。

（5）对市场活动、营销推广、市场调查进行数据追踪和评估，为经营活动决策提供数据支持。

6. 商品编辑

岗位职责：

（1）将采购部门采集提供的商品信息进行整理。

（2）将整理好的商品信息在网站平台进行发布。

（3）根据业务流程需要，参照采购部门、仓储部门同步来的信息，对已经发布的商品信息进行价格修改、库存调整、下架删除、分类调整等管理。

（4）依据促销活动计划，将美工编辑设计制作完成的广告图片，对网站广告信息进行定期更新调整。

（5）对采购部门采集的信息不能满足要求的，就不能满足要求的部分，要求采购部门重新采集。

7. 美工编辑

岗位职责：

（1）根据网站策划制订的网站专题策划案，进行网站专题页面的设计制作。

（2）根据网站采购部门制作的货架展示规划，对网站广告需要图片进行设计制作。

（3）根据业务发展需要，对网站部分模块的重新设计制作。

（4）网站所需静态页面的设计制作与更新维护。

8.4 相关专业术语解读

SEO: 英文全称为 Search Engine Optimization，即搜索引擎优化。这是较为流行的网络营销方式，主要目的是增加特定关键字的曝光率以增加网站的能见度，进而增加销售的机会。分为站外 SEO 和站内 SEO 两种。SEO 的主要工作是通过了解各类搜索引擎如何抓取互联网页面、如何进行索引及如何确定其对某一特定关键词的搜索结果排名等技术，来对网页进行相关的优化，使其提高搜索引擎排名，从而提高网站访问量，最终提升网站的销售能力或宣传能力的技术。

Alexa 排名查询：一个能够对网站访问量进行估算的工具。可以用来分析自己与竞争对手的网站。可以分析的主要指标如下。

网站排名：网站排名主要是由网站访问量来决定的，一般来说，访问量越高的网站排名越靠前。“全球综合排名”是指该网站在全球所有网站中的排名，“中文排名”是指该网站在所有中文网站中的排名。通过排名情况，能够很直观的了解到不同网站的综合水平。

网站的日均 IP 和日均 PV：这里的数值是一个估算值，虽然不是精确的数字，但是非常具有参考意义。一般来说，数值越大，数据越准确。

各大频道的访问比例：通常该比例中首页占比例会是最大的，在首页之外，哪些页面占比例较大，分析其比较大的原因，可以对把握消费者行为习惯、改进网站提供参考。

PR 值查询：PR（Page Rank 网页级别）值是 Google 对于网页的一个评级标准，级别是从 0 到 10。一般来说，如果一个网站的 PR 值达到 4，就说明这个网站是一个很不错的网站了。如果一个网站的 PR 值达到 7，就说明这个网站是一个非常优秀的网站了。同一个网站的不同页面有着不同的 PR 值，一般网站 PR 值都是指网站主页的 PR 值。

收录查询：一般网站直接输入带有 WWW 的域名就可以查询网站的收录数。如果一个网站包含多个二级域名，输入不带 WWW 的一级域名，可以得到所有页面的收录结果。收录查询显示的是网站在各大搜索引擎的收录数量，该数值对 SEO 有参考意义。

反链查询：查询反链查询地址和收录查询地址是一个页面，只要我们勾选“百度反链、Google 反链、雅虎反链、有道反链”选项，就可以获得网站反链的数目。由于每家搜索引擎采用的搜索技术不同，所以他们认可的网站反链数也是不同的。一般来说，我们主要使用雅虎的反链作为参考依据，因为它的结果更具有参考价值。

友情链接检测：通过数据，我们可以清楚的看到对方网站的收录数、PR 值、百度快照、反链关键词等信息。如果某条网站显示的文字是”无反链”，就说明该网站没有为我们做反链，或者对方使用的反链方式不被搜索引擎认可。因为有些网站采用 JS 代码来添加友情链接，这种方式是不被搜索引擎认可的，对于 SEO 也是没有作用的。

网页 Meta 信息查询：查询网站的 Meta 信息，即网站的 title、description 和 keywords。Meta 信息的设置对于网站的 SEO 来说是非常关键的。

关键词排名查询：对于进行 SEO 的网站来说，优化的关键词少则 3~5 个，多则几十个。如果在百度或者 Google 手动输入关键词来查看排名情况是非常麻烦的。通过这个工具可以轻松的获得网站不同关键词的排名情况。

跳出率：用户通过搜索关键词来到你的网站，只浏览了一个页面就离开与全部浏览数量的百分比。观察关键词的跳出率就可以得知用户对网站内容的认可，或者说你的网站是否对用户有吸引力。而网站的内容说否能够对用户有所帮助留住用户也直接可以在跳出率中看出来，所以跳出率是衡量网站内容质量的重要标准。

用户黏性：用户在网站停留的时间长短或访问的页面多少来衡量。

KPI 考核：英文全称为 Key Performance Indicator，即关键绩效指标法。它把对绩效的评估简化为对几个关键指标的考核，将关键指标当做评估标准，把员工的绩效与关键指标作出比较地评估方法，在一定程度上可以说是目标管理法与帕累托定律的有效结合。关键指标必须符合 SMART 原则：具体性（Specific）、衡量性(Measurable)、可达性 (Attainable)、相关性 (Relevant)、时限性 (Time-based)。

量子统计： 淘宝网旗下一款强大精准的网站统计产品。

CRM：英文全称为 Customer Relationship Management，即客户关系管理。CRM 指的是企业通过富有意义的交流沟通，理解并影响客户行为，最终实现提高客户获得、客户保留、客户忠诚和客户创利的目的。

8.5 案例分析

广东佰都服饰的王亮和他的团队经受过最初的挫败，开始对近几个月的工作进行了反思。

（1）电子商务渠道与传统的服饰销售渠道运营策略差别巨大。

（2）电子商务运营需要专业的人才和丰富的经验。

（3）电子商务渠道并非原来想象的是成本低廉的渠道，推广及物流成本侵蚀了可观的利润。

痛定思痛，王亮开始频繁参加全国各种电子商务论坛，如饥似渴地吸收各路实践者丰富的经验。并参加了一期电子商务总裁研修班。通过一段时间的学习，王亮深刻认识到电子商务运营的复杂程度，重要的是对经验的高度依赖。如果依靠自身团队，尚需要 5~6 个月的学习磨合期。

在和董事长多次沟通后，一致认为时间成本是当前最大的成本，决定通过委托一家 TP（运营外包）公司对店铺进行代理运营，快速在电子商务渠道打开局面。当寻找合作的 TP 公司时，王亮发现又陷入另外一个迷局，太多的牛人，太多能够创造奇迹的提案，让王亮又一次感到电子商务的燥热。靠谱的公司都很忙，排队都排不上，天天上门谈合作的公司又不靠谱。

通过研修班的同学帮忙，王亮终于成了北京一家知名 TP 公司的客户，代价也不小，每年 30 万元的服务费，外加 8% 的销售提成。当项目经理把执行方案提交给王亮时，一颗悬着的心落了一半。翔实的数据分析，不急不躁的推进步骤，可进可退的资金投入计划，让王亮感叹，专业的果真不同。

项目开始执行后，项目组首先开始修炼内功：

（1）产品定位做了新的调整，根据公司品牌特征、结合市场需求和竞争状态，确立了学院风格的定位。

（2）根据学院风格的定位，将店铺重新设计，从衣服选款、模特选择、图片拍摄到产品故事从头到尾进行了改造。

（3）宝贝主题根据淘宝搜索关键词分析，进行了新的调整，产品按宝贝上架计划，在每一周中每一天中的各个时段均衡发布。

在项目组对店铺进行精雕细琢的过程中，王亮带领团队，对公司的设计团队、生产车间、仓储物流进行了新的梳理，使新流程能够适应电子商务柔性制造的特性。

随后 TP 项目组购买了 5 000CPM 的硬广告，花费 6 万元，进行了首次推广测试，目的是测试产品的市场反应，推广期销售额达到 2.8 万元，随后根据数据分析结果，对上架商品进行了部分调整。在首轮测试中，选取成交良好的几个商品作为打造爆款的候选。

随后是 2 周的试推广，挑选 3 个商品，开始直通车推广，每天花费锁定在 1 000 元，推广效果开始显现，每天订单量稳定在 35 单，按平均客单价 120 元计算，ROI 达到 1:4.2，试推广初战告捷。

董事会批准了为期 2 个月的推广计划，每天直通车费用提升到 4 000 元，在推广期满的时候，订单量已跃升至 300 单。但新的问题出现了，随着销量的提升，生产排期和物流效率成为瓶颈。

这是在王亮预料之中的，事业部独立的仓库和仓储管理系统已经开始建设。

电子商务事业部慢慢上了轨道，王亮现在担心的是，TP 公司到底能够依靠多久？怎么样才能拥有属于自己的运营团队？

全国三网融合移动互联人才职业能力培训项目介绍

全国三网融合移动互联人才职业能力培训项目（National Professional Certification Training Project of Mobile Internet, TV networks and Telecom networks，以下简称 MITT项目）是教育部教育管理信息中心于2010年9月启动，以各类院校计算机科学技术、通信工程、电子信息工程及电子商务相关专业学生为主要培训对象，推出的在移动互联、电子商务和通信技术等相关领域专业化人才培养的培训项目。

MITT项目的宗旨是通过系统专业的课程体系培训认证以及相关的实习实训，使学员掌握该领域的专业化技术和技能，从而迅速提升学员在该领域的岗位技能和专业能力，极大增强学员的就业竞争力和薪资待遇，培养适合企业发展需求的应用型和创新型人才。

目前，MITT项目共推出如下系列培训认证工程师：电子商务运营师、移动电子商务师、Android开发工程师、IOS开发工程师、移动互联网站设计师、移动互联网站开发工程师（.PHP方向）、移动互联网站开发工程师（Java方向）、移动互联网站开发工程师（.NET方向），HTML5工程师、UI设计工程师、WLAN技术工程师、宽带接入工程师、移动通信工程师、数据通信工程师、光通信工程师。

电子商务运营师是全国三网融合移动互联人才职业能力培训认证项目之一。电子商务运营师认证需要掌握电子商务平台规划/建设/优化、需求分析，网络运营与推广、SEM/SEO;客户服务、数据分析/成本控制；整合营销。

电子商务运营师可从事：企业网络营销、客户服务、技术支持、产品运营与推广；网站策划、网站编辑、网站推广、电子商务平台综合管理；企业电子商务整体规划、建设、运营和管理等工作。

证书样本：

电子商务运营师考试系统登录网址：http://www.itatedu.com/mitt/asp/

证书查询网站：http://www.cern.net.cn

MITT项目的官方网站是： http://www.mitt.org.cn